천수경의 비밀

김호성 지음

민족사

천수경의 비밀

머리말

"모든 것은 변한다." 부처님 가르침의 근본이다. 그러니, 부처님 가르침을 담고 있는 책이라고 해서 이 근본법칙〔法印〕으로부터 벗어날 수는 없는 것이리라. 책 역시 늙고, 병들고, 죽는다. 품절(品切)은 책의 죽음이다. 그러나, 그것을 죽음으로부터 벗어나게 하는 인연은 바로 독자들이 짓는다. 『천수경이야기』 역시 죽음을 경험한 책이다. 특별히 『천수경이야기』를 다시 찾아 주셔서 이 『천수경의 비밀』의 산파가 되어 주신 광도(光道) 스님께 감사드린다.

글은 글을 낳고, 책은 책을 낳는다. 『천수경의 비밀』은 나름대로 적지 않은 성장을 이루어왔다. 법보신문 연재판(1991) → 『천수경이야기』 초판(1992) → 개정판(1994) → 『천수경의 비밀』(2005)이다. 뿐만 아니다. 『천수경이야기』 이후 적지 않은 강의와 몇 편의 논문 쓰기를 통해서 새로운 이해가 덧보태어졌다. 그러한 성과는 이미 여러 권의 책 속에 흩어져/산포(散布)되어 있다. 『해설이 있는 우리말 법요집』(민족사)과 『어린이 천수경』(불광출판부)이 있었고, 금년에는 다시 『천수경』의 요지를 열다섯 편의 짧은 글로 종합한 '『천수경』 신행론'(=千手經 撮要)이 수록된 『관음신앙의 이해와 실천』(동국대 출판부)이 나온다. 그 동안 국내외에서 발표한 『천수경』에 대한 연구논문들은 상차 『천수경의 새로운 연구』(민족사)로 종합될 예정이다. 다만, 들어가면 들어갈수록 그 바닥을 알 수 없고, 내 공부의 부족함만 돋보이는 관계로 늦어질 뿐이다. 이러한 성과물 중의 일부는 이미 『천수경이야기』에 있었던 싹을 더욱 틔운 것도 있고, 『천수경이야기』에는 없던 이야기가 새로 얻어진 것도 있다. 결국, 『천수경』과 관련된 이 글은 서로 맞물리고 서로 엇갈리면서 서로를 보충(補充)하고 서로를 대리(代理)한다. 이러한 '상호텍스트'적 글쓰기는 갈증이 멎지 않아서이다. 그래서 책은 또 다른 책을 낳을 수밖에 없는 것이리라.

이번에 『천수경의 비밀』을 내면서, 『천수경이야기』로부터 달라진 부분을 언급해 둔다. 첫째, 새로 쓴다면 분량이 늘면서 더 어려워질 것도 같고, 현실적으로 그럴 시간도 없어서 본문 해설은 『천수경이야기』를 그대로 유지키로 하였다. 다시 읽어보니 내 젊은 날의 글이라서 미비함이 적지는 않았으나, 그 나름의 미덕 역시 적지는 않았다. 지금 쓴다고 해도 그렇게 쓰기가 쉽지 않게 느껴진다. 특히, 문체는 그렇다. 본문의 내용 중에서 수정된 곳은 단 두 부분이다.

둘째, 『천수경』 본문에 대한 우리말 옮김은 모두 교체하였다. 종래에는 의미만을 고려하여 직역(直譯)하였으나, 이번에 교체하여 집어넣은 나의 '우리말 『천수경』'은 운율까지를 고려한 의역(意譯)이다. 물론, 책 뒤의 부록에도 새로운 '우리말 『천수경』'을 실어두었다.

셋째, 무엇보다 큰 변화는 『천수경이야기』에서 미처 다

할 수 없었던 이야기를 보충하는 『천수경이야기 보강』을 새로 써서 넣은 것이다. 네 가지 주제의 이야기인데, 이는 그 동안 늘 아쉽게 생각했던 부분이었다. 모두 『천수경』에 대한 나의 이해가 심화됨으로써 생겼던 이야기였다. 그러니, 정확히 말해서 이 『천수경의 비밀』은 기존의 『천수경이야기』에 새로 쓴 『천수경이야기 보강(補講)』을 하나로 합편한 것이라 해도 좋으리라. 가히 새책이라 해서 큰 무리는 없으리라 믿는다. 참, 기쁜 일이다.

한편, 생각해 보면 『천수경이야기』 초판 단계에서 내 이해가 머물지 않고 계속 성장하게 된 데에는 "『천수경』 강의를 해달라"며 권청(勸請)해 주신 경향 각지의 스님들과 여러 지도적인 불자님들이 계셨기 때문이다. 특히, 대전 보현문화회관의 고 지산(志山) 오승진(吳承鎭) 원장님을 잊을 수 없다. 이 책을 원장님 영전에 바친다.

책 내기가 점점 어려워졌다. 책 쓰기가 어려운 것이 아니라 출판사의 투자 결정을 이끌어 내기가 어려워진 시대이다. 초판을 내던 무렵의 출판환경보다 더욱 악화되었다. 그럼에도 불구하고, 바로 그렇기에 손에 힘이 빠져 있는 내게 "『천수경이야기』를 수정·증보해서 새로운 책으로 내보자"고 말해 준 민족사 윤창화 사장님께 "고맙다"는 말씀을, 새삼스럽지만 드리고 싶다.

2005년 4월 28일
동악(東岳)에서 김호성 합장

『천수경의 비밀』이 나온 지 10년이나. 그 1부를 이루는 『천수경이야기』를 쓴 것으로부터 헤아리면 24년이 된다. 전면적으로 개작(改作)을 해야 하는 것 아닌가, 검토해보았다. 그러나 그 시절의 문체나 관점을 그대로 살려둘 필요가 있다는 결론을 얻었다. 새로 쓴다면 더 깊고 넓게 쓸 수 있을지 모르나, 이후에 쓴 책들과 겹치게 될 것이다. 그 시절의 문체도 잃어버릴 것이다.

　2부의 『천수경이야기 보강』에 중요한 변화가 있다. 하나는 의상스님의 『백화도량발원문』 완본을 복원할 수 있었으므로, 그에 맞추어 번역 역시 보완한 완본으로 제시하였다. 종래 알 수 없는 부분이 2군데 있었으나, 참으로 감사하게도, 얼마 전에 그 부분이 복원되었던 것이다. 다른 하나는 「'독송용『천수경』'의 끝은 어디인가」를 추가한 것이다. 이는 승원스님의 카페에 올린 『천수경 산책』 중의 한 편이다. 그런 기회를 준 승원스님께 감사드린다. 20여 년 이상, 그래도 찾는 분들이 있다는 것은 저자로서는 참으로 감사한 일이고 자랑스러운 일이다.

2015년 1월 20일
도봉산 밑에서 김호성 합장

차 례

머리말 / 5

제1부 『천수경 이야기』
여는 이야기
자비의 어머니, 관세음보살 / 15
『천수경』은 어떤 경전인가 / 18

풀어주는 이야기
1. 개경(開經)
말이 사람을 만든다 / 25 왜 위없는 진리인가 / 28
2. 계청(啓請)
그 이름을 영예롭게 하라 / 33 관세음보살, 그 빛과 화엄(華嚴) / 36 무심(無心)이 자비를 낳는다 / 39 근본주의적 공덕과 공리주의적 공덕 / 42 '마음'대로 된다 / 46
3. 별원(別願)
중생들을 위하여 / 53 짐짓 몸을 나투시는 자비 / 56 지혜의 길 / 60 삼학(三學)을 통하여 / 63 집과 몸 / 66 지옥 가는 사람들 / 70 두드리지 않아도 / 73 마음 속의 지옥 / 78

4. 별귀의(別歸依)

대심범부(大心凡夫) / 84 끝없는 귀의 / 87 보살의 얼굴 / 90 나무아미타불 / 94

5. 다라니(陀羅尼)

비밀(秘密)인 까닭에 / 100 선밀일치(禪密一致) / 103

6. 찬탄(讚歎)

금상첨화(錦上添花) / 108 도량이 청정해야 / 111

7. 참회(懺悔)

참회와 용서, 그리고 화합 / 116 예참(禮懺) / 119 참회의 사회성 / 123 말은 자비의 집이다 / 126 번뇌의 뿌리 / 129 빛과 어둠 / 132 죄인과 부처 / 136

8. 준제주(准提呪)

난중일기(難中日記) / 142 복(福)에 대하여 / 145 부처의 어머니 / 148 관세음보살의 본심 / 151 독송하지 않고서는 / 155 자리이타(自利利他)의 길 / 158

9. 총원(總願)

발원의 힘 / 162 발원과 십우도(十牛圖) / 165 가는 자와 오는 자 / 169 끝이 없는 길 / 171 너 자신을 알라 / 175

10. 총귀의(總願)

그러므로 귀의하옵니다 / 179

맺는 이야기
  『천수경』은 어려운가 / 185

제2부 『천수경이야기 보강』
  '원본 『천수경』'과의 관계 / 189
  『천수경』 신행운동의 발원문 / 193
  '독송용 『천수경』'의 과목론(科目論) / 198
  준제주와 『현밀원통성불심요집(顯密圓通成佛心要集)』 / 207
  '독송용 『천수경』'의 끝은 어디인가 / 213

  부록 : 우리말 『천수경』 / 219

천수경의 비밀

여는 이야기

자비의 어머니, 관세음보살

　불교의 많은 경전들 중에서 가장 많이 독송되고 있는 경이 『천수경』이라는 데는 이의가 없을 것이다. 불교에 입문하면 제일 먼저 외게 되는 경전이고 불공이나 재 등의 주요 의식에서도 반드시 독송되는 경전이다.
　그러나 막상 『천수경』의 가치를 알고 독송하는 사람은 드문 것 같다. 그저 좋다고 하니까 그 뜻도 모르면서 외운다. 물론 뜻을 모르고 독송해도 복이 되고 공덕이 되는 것은 사실이다. 모르고 독송해도 복이 되고 공덕이 되는 것은 사실이지만 그것만으로 머물고 만다면 믿음의 차원에서 머물고 마는 것이다. 아직 '반쪽 불자(佛子)'를 면하지 못하는 것이라 하겠다. 믿음은 자리(自利)는 되지만 이타(利他)는 되지 않는다. 이타는 단순히 믿는 것으로 되는 것이 아니라 경전에서 설하고 있는 말씀을 알고 행함으로써 가능하기 때문이다. 모르고 독송하더라도 복이 되고 공덕이 되는데 알고, 나아가 행하기까지 한다면 그 복은 얼마나 되겠는가.

　『천수경』에서의 '천수(千手)'는 흔히 말해지는 천수천안(千手千眼)의 약칭이다. 천의 손과 천의 눈을 갖고 계신 분, 관세음보살을 말한다. 천의 눈으로 중생들의 아픔을 보시고 천의 손으로 중생들의 아픈 마음을 위로해 주시고 고통에서 벗어나게 해주시는 자비의 어머니이시다. 따라서 우리는 먼저 『천수경』은 자비의 어머니 관세음보살이 말하는 경전이며, 자비의 어머니 관세음보살을 말하는 경전이며, 자비의 어머니 관세음보살에게 말하는 경전임을 기억해야 하겠다.

자비의 어머니 관세음보살.

우리는 왜 관세음보살을 어머니라고 하는가? 석가모니 부처님을 '온 생명의 자비로운 아버지[四生慈父]'라고 한다. 자비롭다고 하는 형용사는 같으나 부처님은 아버지라고 함에 반하여 관세음보살은 어머니라고 한다. 물론 아버지도 자비로울 수 있다. 그러나 아무래도 남성인 아버지보다도 여성인 어머니가 자비와 더 잘 어울린다. 그래서 자비의 어머니라고 하게 되었다. 『관음경』(법화경 관세음보살 보문품)에서 관세음보살이 삼십이응신(三十二應身)으로 두루 나툰다[普門示現]고 했을 때 이미 성(性)을 초월하고 있는 것이다. 즉, 자비를 중심으로 하여 생각하다가 보니 아버지보다는 어머니라고 하는 편이 더 적절했던 것이다. 관세음보살에게 무슨 성이 있겠는가?

관세음보살은 오랜 동안 불교의 얼굴이었다. 중생들에게는 아버지인 부처님보다도 어머니인 관세음보살이 더 가깝게 받아들여졌다. 참선을 해서 견성을 하고 경을 읽는 등의 수행보다도 '관세음보살'이라고 그 이름을 염하는 것이 쉬웠다. 왜 관세음보살이 불교를 대변하게 되었을까? 불교는 자비의 가르침, 자비의 종교이기 때문이다. 자비가 불교의 알파요, 오메가라는 점은 초기불교에서나 대승불교에서나 동일하다.

자비의 보살은 어머니이다. 어머니의 마음은 수험생 아들과 함께 시험을 치르는 마음이다. 그러면서도 현실적으로는 아들을 대신해서 할 수 있는 일이라고는 아무것도 없고 오직 '관세음보살'

을 염할 수밖에 없음을 알기에 더욱 안타까운 마음인 것이다. 그래서 아들이 시험을 다 치르고 나올 때까지 닫혀 있는 교문 밖에서 염주를 돌리며 기도하는 마음이다. 관세음보살이 "중생을 연민하기가 마치 어머니가 갓난 자식을 보듯 하는 것이다[哀憫衆生 如赤子]."

현재나 미래사회를 생각하면 자비의 실천이 무엇보다도 강조되어야 한다. 오늘날 우리 사회는 점점 자비가 없는 사회가 되고 있다. 우리 인간들은 점점 더 무자비한 동물이 되어가고 있음을 느낀다. 많은 사람들이 사회적 모순을 이야기하고 구조적 문제를 탓한다. 옳은 이야기다. 어느 일정한 부분, 그러한 데로 책임이 돌려져야 할 것이다. 그러나 과연 사회적, 구조적 문제로만 책임이 돌려질 수 있을까? 분명히 그에 대한 인간의 몫이 있다. 우리 사람들의 심성이 뭔가 예전과는 달라지고 있는 것이다. 이제 다시금 자비로운 마음을 회복하는 운동이 일어났으면 한다. 자비로운 마음은 사회구조적 문제의 해결과 병행되거나, 그보다 선행되어야 할 것이다. '자비의 윤리학, 불교의 윤리학'이 현실 속에서 힘을 얻도록 해야 한다. 그 한 가지 길이 자비의 어머니 관세음보살을 우리 마음 속에 모시는 일이 될 것이다.

이제 『천수경』은 단순히 의식을 위한 경전으로서 혹은 독송하면 주술적으로 '좋은' 경전으로서 뿐만 아니라 불교의 철학과 실천을 오롯이 담고 있는 경전으로 재인식되어야 한다. 필자는 이러한 점을 강조하면서 『천수경』을 함께 독송하고자 한다.

천수경은 어떤 경전인가

『천수경』의 핵심은 '신묘장구대다라니(神妙章句大陀羅尼)'에 있다. 다라니가 경의 핵심이라는 점으로 보아『천수경』이 밀교경전임을 알 수 있다. 밀교경전을 한데 모아놓고 있는 신수대장경 밀교부에는 '신묘장구대다라니'를 설하고 있는 경궤(經軌)가 15종 있다. 그 중 5종은 의식의 절차를, 나머지 10종은 다라니를 설하고 있다.

그러나 그 어디에서고 현재 우리가 독송하고 있는 형태 그대로의『천수경』은 발견되지 않는다. 따라서 우리 불교사의 어느 땐가 현재의 형태로 편집되었음을 알 수 있다. 불교사의 문헌을 통해서 살펴볼 때 천수다라니의 독송 사실이 가장 먼저 나타난 것은 의상(義相, 625~702)스님의 찬술이라고 전하는『백화도량발원문(白花道場發願文)』에 보인다. 의상스님은 "온 누리 일체중생들이 대비주(大悲呪)를 독송하고 관세음보살의 이름을 염하여 원통삼매(圓通三昧)에 같이 들기를" 발원하고 있는 것이다. 또『삼국유사』의 '대산오만진신(臺山五萬眞身)조'에도 '천수주(千手呪)'를 독송하였다고 한다. 그러나 역시 우리가 현재 독송하는 형태의『천수경』은 아니었던 것 같다. 아마도 그것은 대장경의 밀교부에 있는 경전들에 나오는 다라니만을 염송한 것으로 생각된다.

현재 우리가 독송하고 있는 형태의『천수경』은 천수다라니를 설하고 있는 『천수천안광대원만무애대비심대다라니경』(1권)이 조선 성종 7년(1476)에 최초로 간행되었으며 서산(西山, 1520~1604)스님 이후로 진언집, 의식집 등의 편집이 활발하게 이루어진 것으로 보아 아마도 서산스님 이후 현재의 형태대로 이루어진 것이 아닐까 추측해 볼 뿐이다. 그러면 독자들 중에는 다음과 같이 의문을 제기할 분도 있을 것 같다.

"아니, 그렇다면 우리가 읽고 있는 『천수경』은 경전이 아니라고 해야 하는 것이 아닌가? 그래도 그것을 읽고 무슨 복이나 공덕을 얻을 수 있을까? 제대로 된 정통의 경전을 읽어야 하지 않을까?"

충분히 의심해 볼 만한 일이다. 그러나 그것은 전혀 염려할 일이 아니다. 왜냐하면 우리가 현재 읽고 있는 『천수경』은 중국이나 한국에서 만들어진 위경(僞經)이 아니기 때문이다. 독송하는 그대로가 대장경 안에서 발견되지 않는다고 해서 곧 위경은 아닌 것이다. 『천수경』은 분명히 경전에서 설해진 다라니를 중심으로 하고 있으며 부처님 가르침의 정수를 담고 있다. 원래 다라니경은 다라니가 중심이면서도 서론과 결론이 더 길어서 다 읽기 어려운 불편이 있었으므로 다라니만 외울 수 있도록 할 필요가 생기게 된 것이다. 그러면서도 다라니의 앞과 뒤로 경전에 나오는 말씀과 준제주(准提呪) 등을 편집하여 독송용으로 쓸 수 있게 하였던 것이다. 또 그것은 의식용이기도 하였다.

『천수경』을 전체적으로 이해하는 데 두 가지 길이 있다. 첫째, 내용적으로 범주화해서 이해하는 방법이다. 둘째, 전통적인 서분

(序分)·정종분(正宗分)·유통분(流通分)으로 분류하는 방법이다. 필자는 이 두 가지를 모두 시도하기로 한다.

첫째, 내용적으로 『천수경』은 다음과 같이 크게 열 가지 범주(千手十門)로 나누어서 이해할 수 있다.

1. 개경(開經, 정구업진언~개법장진언)
2. 계청(啓請, 천수천안~소원종심실원만)
3. 별원(別願, 나무대비관세음~자득대지혜)
4. 별귀의(別歸依, 나무관세음보살마하살~나무본사아미타불)
5. 다라니(陀羅尼, 신묘장구대다라니)
6. 찬탄(讚歎, 사방찬·도량찬)
7. 참회(懺悔, 참회게~참회진언)
8. 준제주(准提呪, 준제공덕취~원공중생성불도)
9. 총원(總願, 여래십대 발원문·사홍서원)
10. 총귀의(總歸依, 삼귀의)

1. 개경은 『천수경』만이 아니라 다른 경전을 독송할 때에도 반드시 먼저 읽는 내용이다. 2. 계청은 『천수천안관세음보살대비심다라니』(신수대장경, 1064, 不空 옮김)에, 3. 별원은 『천수천안관세음보살광대원만무애대비심다라니경』(신수대장경, 1060, 伽梵達摩 옮김)에 있는 경문이다. 별원과 별귀의의 '별'은 '개별적이고 특수한'이라는 의미로 이해하면 된다. 그 반대로 총원과 총귀의의 '총'은 '전체적이고 보편적'이라는 뜻이다. 총원의 원이 보편적임에 대하여 별원의 원은 보다 구체적으로 관세음보살 자신의 원이기도 하고 관세음보살을 신앙하는 우리들의 원이기도 하다. 총귀의가 삼보에 대한 전체적 귀의임에 대하여 별귀의는 관세음

보살을 중심으로 한 보살과 부처님 한 분 한 분에 대한 개별적 귀의를 말한다. 귀의와 발원은 그렇게 별과 총으로 나뉘어져서 두 번 나오면 모두 별이 먼저 행해지고 총이 뒤에 행해진다. 구체적 신앙에서 보다 일반적인 신앙으로 나아가고 있음을 보여준다고 하겠다.

둘째, 서분·정종분·유통분으로 나누는 것은 매우 복잡하지만 도표화해서 이해할 수 있다. 그러나 여기서는 크게 삼분오단(三分五段)만을 제시키로 한다. 괄호 안의 숫자는 천수십문의 숫자이다.

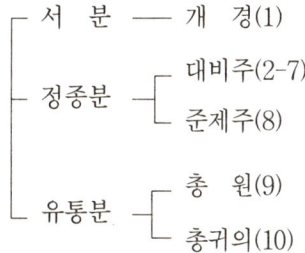

준제주(8)는 '신묘장구대다라니'와는 별도로 지송되던 진언이며 다른 경전에서 설해지던 것이다. 따라서 엄격히 말하면 별도로 행해져야 하지만 함께 편집한 것은 준제가 바로 준제관음으로서 역시 자비의 어머니 관세음보살을 말하기 때문이다.

이상 구조와 내용의 분석에서 볼 수 있듯이 『천수경』은 다라니를 중심으로 하면서도 다라니의 지송만이 아니라 대승불교의 기본적 수행인 발원, 귀의, 찬탄, 참회를 논리적으로 배열하고 있다. 따라서 한 번의 독송을 통하여 발원, 귀의, 송주(誦呪), 찬탄, 참회의 오행(이를 '千手의 六行'이라고 할 수 있을 것이다)을 다 갖추도록 편집된 독송용 경전임을 알 수 있다.
  이제 이같은 전체적 이해를 예비적으로 갖고서 하나하나 따져가며 이해하기로 하자.

천수경의
비밀

풀어주는 이야기

1. 개경(開經)

말이 사람을 만든다

정구업진언(淨口業眞言, 말로 지은 업을 깨끗이 하는 진언)
"수리수리 마하수리 수수리 사바하"(3번)

정구업진언은 『천수경』의 첫머리에 놓여 있다. 이 진언에 대한 종래의 해석은 성스러운 경전을 독송하기 전에 입으로 지은 나쁜 업을 깨끗이 하기 위해서 경의 첫머리에 놓여 있다는 것이다. 그 같은 설명이 결코 틀린 것은 아니다. 그러나 그렇게만 설명하고 만다면 보다 중요한 점을 간과해버리는 우(愚)를 범하게 될 수도 있을 것이다.

그렇다면 정구업진언의 참된 의미는 무엇일까? 많은 진언이 있지만 그 중에서도 정구업진언은 밀교철학의 핵심을 우리에게 분명히 제시하고 있는 진언이다. 정구업진언은 말 즉, 언어에 대한 진언으로서 언어의 문제를 대상으로 하여서 그에 대한 처방을 직접적으로 제시하고 있기 때문이다. 즉, '말로 지은 업(業)'이 먼저 있기 때문에 그에 대한 처방으로 정구업진언이 설해지는 것이다. 업이 아닌 말을 우리는 진언이라고 한다.

인간은 언어의 동물이다. 말이 없었다면 인간의 삶은 애초에 불가능하였을 지도 모른다. 설사 가능하였다고 하더라도 이처럼 인간의 문화를 찬란하게 꽃피우지는 못하였을 것이다. 그러나 말은 또한 위험한 것이기도 하다. 불교, 특히 선(禪)에서 불립문자(不立文字)를 내세우며 침묵을 강조하는 까닭도 말의 위험성을 간과하였기 때문인 것으로 생각된다. 해야 할 말도 있지만 해서는 아니될 말도 많은 것이다. 하지 말아야 할 말은 크게 거짓말, 이간질하는 말, 아첨하는 말, 험한 말 등이다. 그러한 말을 하면 업이 된다. 업은 우리가 행하는 모든 행위를 말하지만 그것은 생명의 자유를 구속하는 보이지 않는 힘으로도 작용한다.

인간의 행위 하나하나가 전부 업이다. 말하고 생각하고 행동하는 것 전부가 업이다. 이를 삼업(三業)이라고 하는데 이 세 가지는 서로 관련되어 있다. 삼업을 '생각의 업'[思業]과 '생각을 나타낸 업'[思已業]으로 나누면서 전자가 후자의 원인이 되고 따라서 더 중요하다는 견해가 있다. 의업(意業)이 구업(口業)이나 신업(身業)보다 더욱 중요하다는 것이다. 이러한 견해는 암암리에 생각[思考]이 먼저 있고 거기에서 말이 나온다는 점을 전제하고 있는 것같다. 그러나 과연 그럴까? 밀교에서도 그렇게 생각하고 있는 것일까?

그렇지 않다. 현대 서양의 언어철학[20세기에 들어와서 영국과 미국을 중심으로 발달한 철학]에서는 말 없는 생각은 있을 수 없다고 한다. 말이 개입되지 않은 생각을 인정하지 않는다. 이러한 견해는 말이 생각보다 앞선다고 보는 입장이다. 말이 생각을 결정한다는 것이다. 밀교철학 역시 이같은 입장을 취하고 있다.

만약 범하게 되면 승가공동체에서 추방하게 되는 중한 계[四波羅夷] 중에서 거짓말을 하지 말라는 계를 포함시키는 이유는 무엇일까? 왜 어른들은 아이들에게 거짓말하면 안 된다고 교육하는 것일까? 그저 단순히 거짓말이 나쁘기 때문일까? 거짓말이 나쁘다면 거짓말의 어떤 점이 나쁘단 말일까?

거짓말은 거짓말을 하는 사람의 사고와 인격을 나쁘게 하여 나쁜 사람이 되게 한다. 반대로 참된 말 즉, 진언은 참된 말을 하는 그 사람의 사고와 인격을 선하게 하며 선한 사람이 되게 한다. 참된 말을 하는 아이는 선한 어린이로 자라게 되며 자연히 선한 행위를 하게 된다. 참된 말이 그 어린이의 사고와 인격에 영향을 미쳐서 선한 사람이 되게 하고, 거짓말이 그 어린이의 사고와 인격에 영향을 미쳐서 나쁜 사람이 되게 하기 때문이다. 불교의 윤리학 즉, 자비의 윤리학에서는 선악에 대해서는 신경쓰지 않는다[不思善不思惡]. 다만 선과 악이 생겨나기 전의 그 근원자리 즉, 본래면목(本來面目)이 어떤 것인가를 물을 따름이다. 즉, 마음[사람]을 문제삼는다.

말을 참답게 함으로써 마음을, 사람을 참답게 하고자 하는 것이 밀교이다. 『천수경』에서 정구업진언을 제일 앞에 위치시키고 있는 것도 바로 그러한 점, 말이 생각보다 앞서고 말이 사람을 만든다는 점을 인식한 바탕 위에서 참된 말을 강조하기 위해서인 것이다. 업이 아닌 진실을 밀교에서는 밀(密, guhya)이라고도 한다. 업이 아닌 말, 업이 아닌 행동, 업이 아닌 사고는 이제 삼밀(三密)이다. 삼업이 삼밀이 된 것이다. 밀교는 그 삼밀 중에서도 구밀(口密)을 가장 중요시한다.

업이 아닌 말은 진리의 말, 즉 진언이다. 그런데 진리는 말을 떠나 있다[不在文字]. 따라서 진리인 말, 진언은 일상적인 언어로서 이해되는 것이 아니다. 깨달음의 신비, 밀(密)의 세계를 어떻게 말로 나타낼 수 있단 말인가. 그것은 말길이 끊어져 있다[言語道斷]. 그러한 언어도단의 세계에 대한 말이므로 진언, 다라니는 상식적으로 이해될 수 없는 것이다. 진언을 번역하지 않는 까닭이 여기에 있는 것이다. 산스크리트어를 통하여 옮길 수는 있지만 그렇더라도 번역된 의미가 밀(密)의 세계, 진리 그 자체는 될 수 없다. 독송을 통하여 밀의 세계, 진리 그 자체로 나아갈 수 있을 뿐이다. 그러므로 우리의 이야기에서도 진언, 다라니는 번역하지 않고 그저 독송하기로 한다.

"수리 수리 마하수리 수수리 사바하"(3번)

왜 위없는 진리인가

오방내외안위제신진언(五方內外安慰諸神眞言, 온 우주의 모든 신들을 편안케 해주는 진언)
"나무 사만다 못다남 옴 도로도로 지미 사바하"(3번)

여기서의 신들은 기독교나 이슬람교에서와 같은 유일신을 말하는 것이 아니라 불교의 수호신인 『화엄경』의 화엄성중(華嚴聖衆)을 말한다. 그들은 원래 바라문교의 신들이었으나 부처님께 귀의하여 불교의 수호신이 된 것이다. 신중들에게 『반야심경』을 읽어줌으로써 부처님의 진리에 안주케 하고 그 사명을 다하게 하는 것과 같은 차원에서 '안위'라는 말을 쓴 것이다.

개경게(開經偈, 경을 펴는 게송)
　　무상심심미묘법(無上甚深微妙法)
　　백천만겁난조우(百千萬劫難遭遇)
　　아금문견득수지(我今聞見得受持)
　　원해여래진실의(願解如來眞實義)
　　위없이　높고깊은 부처님법
　　영원속에 다행히도 만났사오니
　　저희이제 듣고보고 수지하여서
　　부처님의 참뜻을　알아지이다

　『천수경』을 독송하고자 할 때의 '무상심심미묘법'은 '신묘장구대다라니' 즉, 자비의 어머니 관세음보살의 다라니를 말한다. 자비의 어머니 관세음보살이 설하신 자비의 다라니가 최고의 진리라는 대전제를 인정할 수 있을 때만이 우리는 진정으로 수지할 수도 있고 여래의 진실한 뜻을 알 수도 있을 것이기 때문이다.
　두 가지 점에서 자비의 다라니, 신묘장구대다라니가 최고의 진리임을 논증할 수 있을 것같다.
　첫째, 앞에서도 언급한 바와 같이 진언, 다라니의 세계는 말을 넘어서 있는 신비로서 밀(密)의 차원에 속하기 때문에 그 차원에 직접 도달하지 못한 우리로서는 지적(知的)으로 확인할 길이 없다. 다만 부처님이나 보살님의 말씀을 의지해서 그것이 최고의 진리라고 믿을 수 있을 뿐이다. 이를 성언량(聖言量) 또는 불언량(佛言量)이라고 한다. 성인 또는 부처님의 말씀이 진리 판단의 근거라는 것이다.
　둘째, '신묘장구대다라니'가 '자비의 다라니'라는 측면을 염두에 두고서 그 자비가 어떠한 종교나 철학에서 제시하는 덕목보다 더 뛰어나고 보편타당한 종교심의 발현이라는 것을 증명함으로써 그것이 무상심심미묘법임을 확인하는 방법이 있을 수 있을 것이다. 이 문제에 대한 판단은 불교를 신봉하는 필자의 호교론적(?) 고백보다는 비불교적 전통 속에서 자란 한 철학자의 말을 인증(引證)하고자 한다. 분석철학[언어의 엄밀한 논리적 분석을 추구하는 현대철학의 주된 흐름]을 전공한 재미 철학자 박이문(朴異汶) 교수는 최근『자비의 윤리학』(철학과 현실사, 1990)이라는 윤리학 책을 출간하였다. 회갑을 맞이하여 학문과 인생을 정리하고 새 출발하기 위해서 지었다는『자비의 윤리학』에서 그는 우리 인류가 살아남을 수 있기 위해서 의존해야 할 윤리적 가치가 무엇인지를 묻는다. 그리고 칸트(I. Kant, 1724~1804)와 밀(J. S. Mill, 1806~1873) 등의 서양 윤리학자들의 견해와 기독교, 유교, 불교의 윤리적 덕목을 비교 검토하고 있다.

"우리가 인간답게 살기 위해서 갖추어야 할 심성은 도대체「박애」,「인」과「자비」의 심성 가운데 어떤 것이겠는가? 결론부터 말해서 나는 박애의 윤리나 인의 윤리에 앞서 자비의 윤리를 주장한다."『자비의 윤리학』(183쪽)

자비만이 인류를 구원할 빛이라고 박교수는 보고 있다. 불교의 자비만이 인간중심이 아닌 동물중심, 나아가 생태계중심의 윤리로서 인류가 살아남기 위한 유일무이한 가르침이라는 것이다. 서양의 기독교적 전통에 기반한 윤리적 입장을 '인간중심 윤리학'이라고 하며 인간만이 아니라 동물에게도 윤리적 고려의 범위를 넓혀가야 한다는 입장을 '동물중심 윤리학'이라고 한다. 박교수는 이 '동물중심 윤리학'에 불교의 윤리와 서양의 윤리학자 피터 싱어(Peter Singer, 동물해방과 不食肉을 주장하는 윤리학자이다)를 소속시킨다. 불교의 윤리적 입장과 피터 싱어의 입장을 동일시하면서 스스로의 입장은 그것보다 더 넓은 '생태계중심 윤리학'이라고 말한다. 그러나 '산천초목의 성불'과 '산천초목의 설법'[無情說法]을 인정하고 있는 불교 역시 이미 '생태계중심 윤리학'인 것이다. 하여튼 현재 서양의 윤리학 역시 불교적 영향을 받고 있는 '불교적 윤리학'의 흐름이 있는 것은 사실이다.

진정 『천수경』에서 설하는 바와 같은 관음의 자비가 무상심심미묘법(無上甚深微妙法)임을 비불교인도 확인하는 터에 어찌 우리가 수지(受持)하지 않으며 행하지 않겠는가. 불자들은 위없는 진리임을 철학적으로 아는 데서 한 걸음 더 나아가 그것을 실천함으로써 살아 있는 자비, 살아 있는 관음이 되어 중생들의 아픔을 즉시에 해탈시켜 주어야 할 것이다.

위없는 진리의 세계가 이러할진대 어찌 진리의 곳집[法藏]에 들어가지 않을 수 있겠는가.

　　　개법장진언(**開法藏眞言**, 진리의 곳집을 여는 진언)
　　　"옴 아라남 아라다"(3번)

2. 계청(啓請)

그 이름을 영예롭게 하라

천수천안 관자재보살 광대원만 무애대비심 대다라니(千手千眼 觀自在菩薩 廣大圓滿 無碍大悲心 大陀羅尼)
한없이 많은 손과 눈을 가지신 관자재보살의 광대하여 원만하고, 걸림없는 자비심의 위대한 다라니

 이 부분은 『천수경』의 핵심인 '신묘장구대다라니'를 설하고 있는 경전의 이름이다. 이 이름은 가범달마 번역의 『천수천안 관세음보살 광대원만 무애대비심다라니경』(신수대장경. 1060)에서 취해온 것임을 알 수 있다. 다만 관세음보살을 관자재보살로 바꾼 것이 다를 뿐이다. 그러나 그러한 차이는 무시되어도 좋다. '관세음보살'과 '관자재보살'은 다같이 자비의 어머니 관음(觀音, Avalokiteśvara)을 가리키기 때문이다.
 『천수경』에서는 천수다라니가 시작되기 전에 '신묘장구대다라니'라고 해서 다시 한 번 제시하고 있으나 경의 시작에 즈음하여 그 이름을 천명할 필요가 있었을 것이다. '신묘장구대다라니' 보다는 경제(經題)인 '천수천안 관자재보살 광대원만 무애대비심다라니'라는 이름이 보다 경전에 부합하는 것이다. '신묘장구대다

라니'는 다라니의 공덕을 강조한 이름일 뿐이다.

'천수천안 관자재보살 광대원만 무애대비심 다라니'는 하나의 다라니에 대한 다양한 이름들의 결합이다. 거기에는 세 가지 이름이 하나로 합쳐져 있다. 그에 의하면 천수다라니는 첫째, 천수천안 관자재보살의 다라니 둘째, 광대원만(廣大圓滿)의 다라니 셋째, 무애대비심(無碍大悲心)의 다라니이다.

첫째, 한없이 많은 눈으로 모든 이웃의 아픔을 살피시고[觀 = 지혜] 한없이 많은 손으로 그 아픔을 해탈케 하는[自在 = 자비] 관세음보살의, 관세음보살에 대한, 관세음보살에 의한 다라니라는 점이다.

둘째, 광대원만의 '광대'는 『천수경』의 진리가 위없는 진리로서 대승임을 말하고 있다. 대승을 흔히 방광(方廣)이라고도 하는데 여기서의 광대 역시 대승의 진리라는 점을 나타내고 있는 것이다. 그리고 '원만'은 원통(圓通)을 말한다. 원통은 삼매에 듬을 말하기도 하는데 관음의 경우, 소리를 들음으로써 삼매에 도달하였다고 해서 '이근원통'(耳根圓通)이라고 한다. 관세음보살을 모신 법당을 '원통전'이라고 부르는 것도 바로 이러한 까닭에서이다.

셋째, 자비를 실천함에 있어서 걸림이 없다는 것은 바로 좋은 방편을 얻었다는 것을 의미한다. 부모가 자식에게 공부를 하라고 경책하는 것이 자비임은 분명하지만 방편을 얻지 못하면 부모의 성화가 오히려 자식을 탈선으로 몰고 갈 수도 있는 것이다.

앞의 세 가지 외에도 경전은 신묘장구대다라니의 많은 이름을 제시하고 있다. 괴로움을 없애주는 다라니[救苦陀羅尼], 병을 고쳐주는 다라니[延壽陀羅尼], 나쁜 업을 지었기 때문에 받는 장애를 소멸시켜주는 다라니[破惡業陀羅尼], 원을 이룰 수 있게 하는

다라니[滿願陀羅尼], 마음의 자유를 주는 다라니[隨心自在陀羅尼], 보살이 걸어야 할 계단[십지]을 빨리 뛰어넘을 수 있는 힘을 주는 다라니[速超上地陀羅尼] 등이다.

이들은 모두 그 공덕을 중심으로 붙여진 이름이다. 이외에도 현재 우리는 천수주, 대비주, 관음주력 등이라고 부른다. (이하, '천수다라니'로 통일해서 부른다) 천수다라니는 이러한 많은 이름, 좋은 이름을 가지고 있다. 여느 다른 경전과 마찬가지로『천수경』역시 다라니를 통해서 시설(施設)되는 법문의 핵심을 이름으로 삼고 있다.

밀교는 언어와 이름을 중요시하는 불교이다. 언어와 이름에서 진리를 나타내고자 한다. 선(禪)은 말과 이름이 단순히 달을 가리키는 손가락이라고 보지만 밀교에서는 달이 손가락에 나타나 있다고 본다.

이처럼 밀교는 언어와 이름을 올바르게 쓰는 불교적 정명론(正名論)이라고 할 수 있을 것이다. 언어와 이름을 올바르게 쓴다는 것을 천수다라니에 적용시킬 때 우리는 입으로만 소리내서 독송할 뿐만 아니라 몸과 뜻으로도 걸림없는 자비를 실천해야 할 것이다. 그럴 때 비로소 삼밀가지(三密加持)가 되는 것이다.

이제 천수행자(千手行者)—천수다라니를 수지, 독송하는 것으로 자기 수행을 삼을 뿐만 아니라, 널리 모든 이웃들에게 그 수지·독송을 권유하는 사람들을 우리는 '천수행자'라고 부르기로 한다—들은 구밀(口密)만이 아니라 신밀(身密)과 의밀(意密)까지 갖출 수 있도록 언어와 이름을 실천해야 할 것이다.

천수행자들이여, 그 이름을 영예롭게 하라.

관세음보살, 그 빛과 화엄(華嚴)

계청(啓請)
계수관음대비주(稽首觀音大悲主)
원력홍심상호신(願力洪深相好身)
천비장엄보호지(千臂莊嚴普護持)
천안광명변관조(千眼光明遍觀照)
경을 열면서 청하옵니다.
자비하신 관세음께 머리숙이니
그원력과 그모습이 크고깊어서
천수로써 보살핌도 두루하오며
천안으로 비추심도 두루하시네

경을 열면서 관세음보살에 대해서 청하는 형식으로 되어 있는 이 계청에는 관음에 대한 찬탄과 천수행자의 발원이 담겨 있다.

'계수관음대비주'의 '대비주'는 현재 유통되는 『천수경』에서는 '대비주(大悲呪)'라고 되어 있다. 그러나 이 계청의 마지막 구절까지 읽으면서 분석해볼 때 찬탄과 발원의 대상이 관세음보살임을 알 수 있다. 이러한 찬탄과 발원을 가지고 천수행자는 다라니를 독송하게 되는 것이다. 뿐만 아니라 건륭 27년(1762) 충청도 가야산 가야사에서 간행된 고판본이나 신수대장경 등에도 '대비주(大悲主)'라고 되어 있음을 확인할 수 있다.

이에 비하면 '원력홍심상호신'의 '洪'이 현재의 유통본에서는 '弘'으로 되어 있다. 이는 아마도 「관세음보살 보문품」에 나오는

'홍서심여해(弘誓深如海)'(관세음보살의 원력이 바다와 같이 크고 깊다)라는 구절에서 영향받은 것같다.

관세음보살, 그는 누구인가? 우리는 앞에서 그를 '자비의 어머니'라고 이름하였다. 그런데 이 게송에 의하면 관음은 원(願), 장엄(莊嚴), 그리고 빛[光明]으로 특징지어짐을 알 수 있다. 바다와 같이 크고 깊은 원과 한없는 손으로 장엄하여 두루 보살펴 주시는 것, 그리고 빛이 관세음보살을 중생들의 어머니가 되게 한 것이다. 이를 하나하나 살펴보자.

첫째, 원(願)이다. 모든 생명있는 것들은 누구나 할 것 없이 원을 품고 살아간다. 따라서 부처님이나 보살들도 원을 갖고 살아간다. 그분들의 원은 지극하다. 지극하다는 것은 두 가지 의미를 담고 있다. 하나는 지극히 크고 깊다는 것이요, 다른 하나는 지극히 공(公)하다는 것이다. 사(私)적 욕심이 없으면서 지극히 크기 때문에 그러한 원에는 힘이 붙기 마련이다. 그것을 원력(願力)이라 한다. 이같은 필요조건을 갖추고 있는 부처님이나 보살들의 원은 중생들의 구제 외에는 있을 수 없다. 더 구체적으로 관세음보살의 원은 그 자신을 염하는 사람[念彼觀音者]이라면 누구든지 즉시에 해탈시켜 준다는 것이다.

둘째, 장엄(莊嚴)이다. 도대체 장엄이란 무엇일까? 절에서는 흔히 법당을 꾸미는 등의 장식을 하는 것을 장엄이라고 한다. 그렇다면 관세음보살의 장엄은 무엇을 대상으로 하고 있을까? 그 대상은 중생들이 사는 세상이다. 이 세상을 장엄하는 것이 바로 보살행이다.

오늘 우리가 사는 이 사바세계만 보자. 가슴에 걱정을 안고 사는 사람, 가슴이 멍든 채 한숨짓고 사는 이웃들이 얼마나 많은가?

고통받고 고뇌하는 중생들이 수없이 많다. 이들을 아무도 모르게 보살펴 주시는 것이 장엄이다. 이러한 보살행을 화엄(華嚴)이라고 한다. 꽃에 비유하는 것이다. 꽃으로 장엄하는 것이다. 관세음보살의 화엄에는 언제나 일손이 부족하다. 천수행자들이 관세음보살의 일손을 도와야 하는 까닭이 여기에 있는 것이다.

셋째, 빛이다. 관세음보살은 세상의 괴로워하는 소리를 관찰(觀察)한다. 그것도 한없는 눈으로 관찰하는데, 사실은 빛으로 관찰하는 것이다. 빛으로 비추어 볼 때 고뇌의 어둠은 즉시에 사라지게 된다. 천수다라니를 독송하는 것은 그 빛을 우리의 가슴 속에 맞이하는 일이다. 우리 가슴 속에 들어온 빛은 다시 우리를 빛의 존재가 되게 한다. 그래서 우리는 언제나 행복하고 밝게 살 수 있는 것이다.

절에서 제사[齋, 觀音施食]를 지낼 때에도 천수다라니를 독송하기 직전에 나오는 다음과 같은 게송은 바로 '천비장엄보호지 천안광명변관조'의 이러한 이치를 그대로 드러내고 있다.

자비의 빛 비추시니 연꽃이 피어나고
지혜의 눈으로 보시니 지옥이 비었더라
그럴진대 대비주(大悲呪)의 신통한 힘까지 빌린다면
중생이 부처되기 찰나의 일이네

자광조처연화출(慈光照處蓮華出)
혜안관시지옥공(慧眼觀時地獄空)
우황대비신주력(又況大悲神呪力)
중생성불찰나중(衆生成佛刹那中)

자비의 빛과 지혜의 눈만 있어도 모든 문제는 다 해결될 수 있다. 중생들의 온갖 한숨소리는 사라지고 이마의 주름살은 펴진다. 얼굴에는 미소가 넘실거리게 한다. 천수다라니의 독송까지 할 필요는 없다. 그러나 거기에다가 이제 대비주의 신통한 힘까지 덧보태는 것은 비단 위에 꽃을 수놓는 일이다[錦上添花].

무심(無心)이 자비를 낳는다

진실어중선밀어(眞實語中宣密語)
무위심내기비심(無爲心內起悲心)
속령만족제희구(速令滿足諸希求)
영사멸제제죄업(令使滅除諸罪業)
진실한　말씀속에 밀어나오며
무심한　마음속에 자비넘치니
중생들의 구하는일 이루게하고
모든죄업 남김없이 멸하옵소서

이 게송은 관세음보살의 이타행(利他行)을 말하고 있다. 밀어를 베푸시며 자비를 일으켜서 중생들의 구하는 바를 이루게 하고 죄와 업은 소멸시켜 주는 관세음보살을 그리고 있다. 또 그렇게 해주시기를 청하고 있는 것이다.

그런데 이 게송이 가르쳐 주는 교훈은 단순히 관세음보살이 자비의 어머니라는 데에 그치는 것이 아니다. 어떻게 하면 자비심을 일으킬 수 있는지를 설해주고 있다. 진정한 자비의 필요조건을 생각케 해준다. '진실어중선밀어 무위심내기비심'의 올바른 의미를 모른다면 결코 올바른 자비행을 할 수 없다.

우리는 흔히 자비를 말하고 자비를 행한다고 한다. 그러나 그것이 과연 진정한 자비인지 의문이 가는 경우를 많이 보고 듣게 된다. 아무리 많은 재물을 들여서 가난하고 외로운 이웃들을 돕는다고 할 지라도 그러한 행위가 반드시 자비행(慈悲行)이라고는 판단할 수 없다.

진정한 자비행일 수도 있지만 그렇지 않을 확률도 그만큼 갖고 있는 것이다. 자신의 명예를 위해서, 지방의회나 국회의원 선거에 출마하기 위해서 선거운동의 일환으로 하는 경우도 있다. 그밖에도 오만이 깃든 값싼 동정심이 그 동기가 되기도 한다. 이러한 경우를 우리는 자비라기보다는 자선(慈善)이라고 할 수 있다. 자선은 자비와는 다르다. 자선이 좋은 일이고 복이 되는 일이긴 하나 '함이 있는[有爲]' 일에 지나지 않는다. 완벽한 선행이라고 하기는 어렵다. 도움을 받는 대상이 있고 도움을 베푸는 사람이 있을 때의 고정관념에 집착한 보시[有住相布施]는 도움을 받는 사람을 더욱 소외시킬 수도 있다는 점을 명심해야 한다.

그렇다면 어떻게 해야 진정한 자비, 고정관념에 집착하지 않는 보시를 실천할 수 있단 말인가? 아니 먼저 진정한 자비, 고정관념에 집착하지 않는 보시는 무엇인가를 알아야 할 것같다. 이미 위에서 암시한 바이지만 진정한 자비행은 자비를 베푸는 사람도 자비행의 대상이 되는 사람도 없는 것이다. 자비를 베푸는 자나 자비를 받는 자가 나와 남으로 분리된 것이 아니다. 타인을 자기로 알고 타인의 고통을 자기의 고통으로 느낄 때 저절로 우러나는 사랑과 연민을 자비라고 한다. 동체대비(同體大悲)라고 하는 것이 바로 이것이다. 따라서 진정한 자비행은 자비를 베풀었다는 생각조차 없어야 하는 것이다.

자비를 보시와 관련하여 생각해보면 보시를 하는 자[施者], 보시를 받는 자[受者], 그리고 보시되는 물건[施物]이 모두 공(空)한 것이다. 이를 삼륜공적(三輪空寂) 또는 삼륜청정(三輪淸淨)이라고 한다. 이 세 가지[三輪]가 공해야 한다는 데서 자선이 아닌 자비를 행하는 일이 결코 쉬운 일이 아님을 짐작할 수 있다.

어떻게 하면 참다운 자비를 행할 수 있을까? '무위심내기비심'이 바로 이러한 문제에 대한 해답이다. 함이 없는 마음, 즉 무심(無心)만이 자비심을 낳는다는 것이다. 관념적인 차원에서 아무리 진정한 자비를 실천하고자 하더라도 마음이 무심의 경지가 되지 않고서는 불가능하다. 불교의 윤리학, 즉 자비의 윤리학(metta-ethics)에서 윤리적 행위의 원칙을 문제삼지 아니하고 마음, 곧 사람을 문제삼는 까닭이 여기에 있다. 자비의 윤리학이 제시하는 '착한 사람이 착한 일을 한다'는 법칙은 '무심이 자비를 낳는다'는 명제의 다른 표현에 지나지 않는다.

불교의 윤리학만이 윤리적 덕목의 실천 이전에 무심을 말하고 있다. 무심에서 우러나오는 자비만이 현대인의 소외를 극복케 해줄 처방이 될 것이다. 이처럼 자비의 근저에 무심을 위치시킴으로써 우리는 불교의 또 다른 기둥인 삼매[禪]와 만나게 된다. 의상스님은 자비의 '이타행(利他行)'을 다음과 같이 말하고 있다.

해인삼매에 들어서야

비로소 불가사의한 자비를 마음대로 행할 수 있으리라

능입해인삼매중(能入海印三昧中)
번출여의부사의(繁出如意不思議)

『화엄경』의 깊은 이치를 간략히 정리한 『법계도(法界圖)』의 이 말씀은 『천수경』의 '무위심내기비심'과 정확히 일치하고 있다. 해인삼매가 무심의 삼매이며 부사의(不思議)가 자비행인 것이다.

천수행자(千手行者)들은 천수다라니의 독송을 통해서 무심에 이르게 된다. 그럴 때 비로소 한없는 자비로써 중생들의 세간을 장엄할 수 있을 것이다. '진실어중선밀어'도 이 '무위심내기비심'을 이해하게 되면 뜻이 그 속에 함께 하고 있음을 알게 되리라.

근본주의적 공덕과 공리주의적 공덕

천룡중성동자호(天龍衆聖同慈護)
백천삼매돈훈수(百千三昧頓薰修)
수지신시광명당(受持身是光明幢)
수지심시신통장(受持心是神通藏)
신중님들 자비로써 옹호하시니
모든삼매 단박에 이루어지고
대비주 수지하니 몸은빛나고

대비주　수지하니 자유로워라

　이 게송은 천수행자가 천수다라니를 독송함으로써 얻게 되는 공덕을 말하고 있다. 흔히 '——을 하면 좋다'는 식으로 자기 종교를 권하게 된다. 이른바 결과(공덕)를 보여줌으로써 수행을 권하는[示果勸修] 것이다.
　그러나 그 공덕에는 두 가지 차원이 있음을 알아야 한다. 즉 근본주의적 공덕과 공리주의적 공덕이라 이름할 수 있을 것같다. 전자(前者)는 깨달음과 중생의 구제라고 하는 불교 본연의 대승적 입장에 도움이 되는 공덕을 말한다. 이에 반하여 후자(後者)는 세속적, 개인적, 소승적 이익을 의미한다. 천수다라니를 독송함으로써 삼밀(三密)을 이룰 수 있다고 할 때는 근본주의적 공덕을 가리키는 것이고 독송에 의해 질병의 치료나 재난의 소멸 등을 얻는다고 할 때는 공리주의적 공덕을 일컫는 것이다.
　이 게송에 보이는 입장은 근본주의적 공덕과 공리주의적 공덕을 둘 다 포용하고 있다. 그것이 바로 밀교의 입장임을 알 수 있다. 물론 밀교에도 삼밀가지(三密加持)를 통하여 범부중생의 몸 그대로 성불한다고 하는 즉신성불(卽身成佛)이라고 하는 근본목적이 없는 것이 아니지만 한편으로는 현세적이며 기복적인 소원성취를 배척하지 않고 긍정하고 있다.
　'백천삼매돈훈수' 이하 즉, 삼매의 체득[現前]과 심신의 자유와 밝음 등을 천수다라니 독송의 근본주의적 공덕, '천룡중성동자호'는 공리주의적 공덕이라고 할 수 있을 것이다. 이 '천룡중성동자호'는 후술할 바와 같이 지극히 크고 뛰어난 공덕을 압축하여 표상하고 있는 것이다.

천수다라니의 독송과 근본주의적 공덕인 삼매의 관계에 대해서는 '5 다라니'에서 알아볼 기회가 있을 것이므로 여기서는 공리주의적 공덕만을 살펴보기로 한다. 이에는 대표적으로『천수천안관세음보살광대원만무애대비심다라니경』(신수대장경. 1060)에 나오는 '다라니 독송의 열 가지 이익[誦呪의 十利, 이는 원래 다라니 施設의 공덕으로 되어 있으나 독송의 공덕도 된다고 생각된다]'과 '열다섯의 나쁜 죽음을 당하지 않음[不受十五種惡死]'과 '열다섯의 훌륭한 삶[得十五種善生]'을 들 수 있을 것이다. 차례로 살펴보면 다음과 같다.

1) 다라니 독송의 열 가지 이익
  ① 모든 중생이 안락을 얻는다.
  ② 모든 병이 낫는다.
  ③ 오래 산다.
  ④ 부자가 된다.
  ⑤ 모든 악업과 중죄를 소멸시킨다.
  ⑥ 장애와 어려움을 여의게 된다.
  ⑦ 모든 선행과 공덕을 더욱 많이 짓게 된다.
  ⑧ 모든 선근을 성취하게 된다.
  ⑨ 모든 두려움을 여의게 된다.
  ⑩ 모든 구하는 바를 속히 이루게 된다.

2) 열다섯의 나쁜 죽음을 당하지 않음
  ① 굶어 죽지 않는다.
  ② 사형당하지 않는다.

③ 원수로부터 죽임을 당하지 않는다.
④ 전쟁터에서 전사하지 않는다.
⑤ 짐승에게 물려서 죽지 않는다.
⑥ 독사 등에 물려서 죽지 않는다.
⑦ 물에 빠져 죽거나 불에 타죽지 않는다.
⑧ 독극물에 의해서 죽지 않는다.
⑨ 독충에 물려서 죽지 않는다.
⑩ 정신착란으로 죽지 않는다.
⑪ 산이나 절벽에서 추락해 죽지 않는다.
⑫ 나쁜 사람이나 도깨비한테 홀려서 죽지 않는다.
⑬ 사악한 신이나 악귀에 의해서 죽지 않는다.
⑭ 나쁜 병에 걸려서 죽지 않는다.
⑮ 때아닐 때 죽지 않고 자살하지 않는다.

3) 열다섯의 훌륭한 삶
① 민주적인 정치지도자가 정치하는 곳에서 살게 된다.
② 윤리적으로 선량한 나라에서 살게 된다.
③ 평화롭게 살게 된다.
④ 선지식을 만날 수 있다.
⑤ 언제나 정상적인 신체로 건강하게 산다.
⑥ 깨닫고자 하는 마음이 견고하게 된다.
⑦ 계율을 잘 지킨다.
⑧ 가족들이 서로 사랑하고 화목하다.
⑨ 음식, 의복 등의 원하는 것을 항상 풍족하게 소유하게 된다.

⑩ 언제나 다른 사람의 공경을 받는다.
⑪ 재물을 도둑맞지 않는다.
⑫ 원하는 바를 모두 이루게 된다.
⑬ 천과 용, 신중들이 항상 옹호한다.
⑭ 언제나 불교가 흥하는 곳에서 살게 된다.
⑮ 올바른 법을 듣고 그 깊은 이치를 깨닫게 된다.

이렇게 천수다라니를 독송하는 공덕이 지대함을 말씀하고 있다. 가능하면 근본주의적 공덕, 즉 삼매를 얻기 위한 수행이라는 생각으로 천수다라니를 독송하기를 권하고 싶다. 그 결과 부수적으로 공리주의적 공덕도 얻게 될 것이다. 그것이 올바른 신앙태도일 것이다. 그렇지 않고 공리주의적 공덕에만 집착하여 근본주의적 공덕을 잊게 된다면 달은 보지 아니하고 손가락만 쳐다보는 어리석은 사람이 아니겠는가.

'마음'대로 된다

세척진로원제해(洗滌塵勞願濟海)
초증보리방편문(超證菩提方便門)
아금칭송서귀의(我今稱誦誓歸依)
소원종심실원만(所願從心悉圓滿)
번뇌를   씻어내고 고해건너서

깨달음의 방편들 얻게되오며
저희이제 지송하며 귀의하오니
마음따라 바른소원 이뤄지이다

　이 게송으로서 자비의 어머니, 관세음보살에 대한 '사룀[啓請]'
이 마무리 된다. 그런 만큼 앞의 내용들을 다시 한 번 정리하는 소
결(小結)이 된다. 그런데 이 게송에는 내용적으로 두 가지 법문
이 담겨 있다. 하나는 '마음의 번뇌를 세탁하는 일'이고 다른 하나
는 '마음대로 된다'는 것이다.
　첫째, 마음의 번뇌를 세탁하는 일이다. '세척진로'의 진로(塵
勞)는 먼지, 티끌을 가리키는데 마음의 번뇌를 말한다. 우리 마음
속의 번뇌를 씻어내야 한다는 것과 관련하여 아주 재미 있는 이야
기가 있다. 유명한 신수(神秀, ?~706)와 혜능(慧能, 638~713)
의 이야기이다. 오늘날 학자들의 연구 결과는 '남돈북점(南頓北
漸, 혜능계의 南宗은 돈오를, 신수계의 北宗은 점수를 주장하였다
는 의미. 이러한 주장은 하택신회 계통에서 편집된 것으로 보이는
『六祖壇經』에 의해서 성립된 설이다)'이니 하는 이야기가 단순히
허구(fiction)임을 밝혀주고 있다. 신수는 결코 점수(漸修)만을
주장하는 것이 아니라 돈오(頓悟)도 설하고 있음이 확인된 것이
다. 그러나 어떤 상징성이 있음은 인정해도 좋을 것이다.
　신수와 혜능의 길은 각기 불교수행의 두 가지 길[二門]을 극명
하게 보여주고 있다. 이 두 가지 길을 보조국사 지눌(知訥,
1158~1210)은 각기 '현실의 차원[隨相門, 事]'과 '존재의 차원
[自性門, 理]'이라고 이름붙였다. 우리가 현재 독송하고 있는『천
수경』역시 '7. 참회'와 '9. 총원'에서 또다시 이 두 가지 길을 구분

하면서 법문을 시설하고 있는 것이다. 이 두 가지 길을 잘 이해하기 위해서 신수와 혜능의 게송을 살펴보자. 먼저 신수에게 가탁(假託)하여 나타나 있는 '현실의 차원'이다.

> 몸은 깨달음의 나무
> 마음은 맑은 거울
> 언제나 부지런히 털고 닦아서
> 먼지가 묻지 않게 하라.
>
> 신시보리수(身是菩提樹)
> 심여명경대(心如明鏡臺)
> 시시근불식(時時勤拂拭)
> 물사야진애(勿使惹塵埃)

이에 대하여 혜능에게 가탁(假託)하여 나타나 있는 '존재의 차원'은 전혀 다르다.

> 깨달음에는 나무가 없고
> 거울도 대가 아니네
> 본래 한물건도 없으니
> 어디에 먼지가 묻겠는가.
>
> 보리본무수(菩提本無樹)
> 명경역비대(明鏡亦非臺)
> 본래무일물(本來無一物)
> 하처야진애(何處惹塵埃)

겉을 보면 우리는 중생이다. 번뇌도 많다. 그러므로 번뇌를 털어내는 닦음도 있어야 한다. 이렇게 겉[현상, 相]을 중심으로 해서 보는 관점을 '현실의 차원[隨相門＝修門＝相宗]'이라고 한다. 이와 반대로 겉으로 볼 때는 중생이고 번뇌도 있는 것이지만 속[존재, 性]으로 보면 중생도 아니고 번뇌도 없다. 오직 부처이고 본래 청정한 것이다. 이렇게 속을 중심으로 해서 보는 관점을 '존재의 차원[自性門＝性門＝性宗]'이라고 부르는 것이다.

따라서 신수는 겉을 보고 혜능은 속을 보고 있는 것이다. 본래의 속만을 보면서 현실의 겉을 외면해도 좋을까? 현실의 겉에만 집착하여 본래의 속은 잊어도 좋을 것인가? 어느 한쪽의 입장만을 취하고 다른 한쪽의 입장을 배척하는 데서 불교사를 통해 많은 종파나 논쟁들이 생긴 것이다. 그러나 이제 『천수경』의 입장은 그렇지 않다. 어느 한쪽에 집착해서 다른 한쪽을 외면하면 안 되며 이문(二門)을 함께 닦아야 한다[二門兼修, 性相融會]고 본다. 그러한 입장은 구체적으로 여기 '참회'와 뒤에 나올 '사홍서원'에서 잘 나타나 있다. 참으로 균형잡힌 시각(視覺)이라 찬탄하지 않을 수 없다.

『천수경』의 '세척진로'는 이 두 가지 차원 중에서 어디에 속하는 것일까? 현실의 차원에서 행해야 할 마음의 세탁을 의미하는 것으로 보인다. 존재의 차원에서는 결코 세탁의 대상이 있을 수 없기 때문이다. 일상생활 속에서 경계에 부딪칠 때마다 일어나는 우리 마음 속의 번뇌에 속아서 그 노예가 되지 않도록 자기 마음을 살피는 일에 게을러서는 안 되겠다.

둘째, 모든 일이 '마음'대로 된다는 문제이다. 여기서 '소원종심실원만'은 천수다라니를 열심히 독송하는 천수행자들의 소원은 무엇이든지 이루어진다는 의미이다. 소원성취할 수 있다는 것이다. 그러한 소원성취를 위해서는 결정적인 믿음[決定信]을 갖는 것이 중요하다. 확실히 믿어야 한다. 계산하지 않는 믿음이어야 한다. 앞뒤를 재보지 않는다는 것은 그만큼 위험 부담도 높다. 그러나 그러한 믿음이 진짜 믿음이다. 이래서 믿음은 실존적(實存的)인 내던짐[企投, project]이라고 하게 된다.

신라 경덕왕 때 한기리(漢岐里)라는 마을에 희명(希明)이라는 여인이 살았다. 그녀는 눈이 먼 자기 딸을 안고서 분황사의 천수관음에게 나아가 딸과 함께 기도를 드렸다.

무릎을 세우고 두 손 모아
천수관음 앞에 비옵니다.
일 천 손과 일 천 눈 하나를 내어 하나를 덜기를
둘 다 없는 이 몸이오니 하나만이라도 주시옵소서
아아, 나에게 주시오면, 그 자비 얼마나 클 것인가

관세음보살의 눈은 실제로 천 개라고 결정적으로 믿었기에 그 중에서 하나를 자기 아이에게 나누어 달라는 소원은 이루어진 것이다. 따라서 '아아, 나에게 주시오면, 그 자비 얼마나 클 것인가'라는 구절은 의심이나 바람이 아니라 확신의 문학적 표현일 뿐이다.

불교는 이같은 소원성취가 어떤 절대자의 권능에 의해서만 이루어지는 것이 아니라 자기 '마음'에 의해서 이루어진다고 본다. 일체유심조(一切唯心造)이다. 그런데 '마음'을 따라서 소원이 이루어진다고 했을 때, 그 마음은 어떤 마음이며 또 그 소원은 어떤 소원일까? 번뇌의 먼지가 묻은 그런 마음일까? 아니면 세속적인 부귀공명과 영화를 추구하는 소원인가? 그 어떤 소원이든지, 어떠한 마음에서 나오는 소원이든지 천수다라니를 지송하기만 하면 모두 원만성취되는 것일까?

　이들 의문에 대한 해답은 '결코 그렇지 않다'는 것이다. '소원종심실원만'의 마음이나 일체유심조의 마음이나 다같이 본래 청정한 마음이다. 번뇌의 먼지가 묻어있지 않는 마음에서 우러나는 원(願)일 때만 전부 이루어질 수 있다. 그런 청정한 여래장(如來藏)으로서의 참마음[眞心]만이 관세음보살의 청정한 마음과 계합이 되어서 마치 맑은 물에 밝은 달이 비추듯이[月印於千江] 소원이 이루어지는 것이다.

　그러므로 우리 천수행자들은 자기 마음이 청정하지 못함을 걱정하고 청정한 마음으로 되돌아가지 못함을 걱정할 뿐, 원을 이루지 못할까 걱정하지 말아야 한다. 어디까지나 소원의 성취 여부는 '마음'에 달려있기 때문이다.

3. 별원(別願)

중생들을 위하여

나무대비관세음(南無大悲觀世音)
원아속지일체법(願我速知一切法)
나무대비관세음(南無大悲觀世音)
원아조득지혜안(願我早得智慧眼)
자비하신 관세음께 발원하오니
모든진리 어서빨리 알아지이며
자비하신 관세음께 발원하오니
지혜의눈 어서빨리 열려지이다

지금부터 이른바 '십원육향(十願六向)'이 시작된다. 이 십원육향은 가범달마(伽梵達摩) 삼장이 옮긴 『천수천안광대원만무애대비심다라니경』(신수대장경, 1060)에 나오는데 흔히 관세음보살의 열 가지 원과 여섯 가지 회향으로 이해되어 왔다. 그러나 필자는 '십원'과 '육향'을 모두 원[發願]으로 보고자 한다. 왜냐하면 경에서 이 십원육향을 설하기 전에 다음과 같은 관세음보살의 말씀이 보이기 때문이다.

"비구, 비구니, 우바새, 우바이, 소년, 소녀가 이 천수다라니를 지송하고자 한다면, 먼저 모든 중생에게 자비심을 일으키고 반드시 '나'를 따라서 이와같은 원을 발해야 한다."

여기서 '나'는 물론 관세음보살이다. '나(관세음보살)를 따라서 이와같은 원을 발해야 한다'는 것은 이 십원육향이 천수행자의 원일 뿐만 아니라 관세음보살 자신의 원이기도 하다는 것을 분명히 보여주고 있다. 관세음보살의 원을 자신의 원으로 삼아서 모든 일체중생을 이익케 하는 것이 바로 천수행자들의 삶이다. 그럴 때 천수행자와 관세음보살은 하나가 되는 것이다.

『천수경』에는 이 십원육향 외에도 사홍서원(四弘誓願)과 여래십대발원문(如來十大發願文) 등의 발원이 거듭된다. 후자의 원에 비하면 전자의 원이 더 구체적이고 개별적이라는 뜻에서 전자의 원을 별원(別願), 후자의 원을 총원(總願)이라 부른다는 점은 앞에서 언급한 바 있다. 먼저 십원(十願)만을 놓고 보더라도 처음의 '나무대비관세음'에서 '원아조득선방편'의 네 가지 원은 이타문(利他門)이고 그 뒤의 여섯 가지 원은 자리문(自利門)이다.

여기서 모든 진리를 아는 것[知一切法]과 지혜의 눈을 얻게 되는 것[得智慧眼]을 자리문으로 이해하기 쉬우나 이타문으로 이해해야 한다. 다섯 번째 원 '원아속승반야선'의 지혜[반야]는 자리문이다. 진리를 알고 지혜를 갖추는 일이 자리문이 아니라 이타문이라는 데에 대승의 진면목이 있다. 진리를 아는 것과 지혜의 눈을 얻는 것—사실 이 두 가지는 다르지 않다—이 자기만의 이로움만을 위해서가 아니고 모든 중생을 다 건지기 위해서 라는 것이 바로 대승의 입장이다. 그래서 십원 중 세 번째로 '원아속도일체중'이 바로 이어져 나오는 것이다. 이렇게 볼 때 우리는 첫째와 둘째의 원이 이타문에 속하는 것으로 이해할 수 있게 된다.

앞서 우리는 천수다라니를 독송함으로써 얻게 되는 두 가지 공덕 중에서 근본주의적 공덕을 보다 높이 평가하였는데 그것도 바로 이러한 까닭에서이다. 자칫 공리주의적 공덕이 자리(自利)에만 그칠 우려가 있기 때문이다. 따라서 천수행자들은 천수다라니를 독송하는 것이 모든 중생을 이롭게 하기 위해서임을 명심해야 한다. 그럴 때 우리는 관세음보살의 원해(願海)에서 노닐 수 있게 될 것이다.

이타적 원을 먼저 세워놓고 자신의 수행에 돌입하는 것은 밀교만의 일은 아니다. 12세기 무렵 중국의 선사 장로종색(長蘆宗賾, ?~?)은 선의 기본적 지침서로 널리 읽히게 된 『좌선의(坐禪儀)』에서 이타적인 원을 발하고 난 뒤에 선을 수행할 것을 강조하고 있다. 『좌선의』의 첫머리를 읽어보자.

지혜를 배우는 보살은 먼저 반드시 대비심을 일으켜서 큰 서원을 발하고 삼매를 정미롭게 닦아서 모든 중생을 제도할 것을 맹서해야 하며 자기 한 몸을 위해서 홀로 해탈을 구해서는 안 된다.

또 여기서 우리가 주목해야 할 것은 원의 내용을 하나하나 말하기 전에 '나무대비관세음'을 고백하고 있는 경의 구조, 아니 발원의 구조이다. 자비의 어머니 관세음보살의 원을 나의 원으로 삼기 위해서는 그 관세음보살에게 귀의하는 것이 필요조건이 된다. 귀의가 먼저 있고나서 발원이 있는 것이다.

원아속지일체법(願我速知一切法)
원아조득지혜안(願我早得智慧眼)

모든진리 어서빨리 알아지이며
지혜의눈 어서빨리 열려지이다

이 두 가지 원이 『천수경』 십원육향의 구조 속에서는 이타문이 된다. 그리고 중생들을 위해서 천수다라니를 독송하게 된다는 다라니 독송의 궁극적 목적이 이어져 나온다. 그런데 여기서 우리는 그러한 『천수경』의 구조를 떠나서 이 두 가지 원문(願文)을 만났다고 해보자. 분명 우리에게 중요한 또 하나의 메시지를 전해주고 있음을 알 수 있을 것이다.

그것은 진리를 알고 지혜를 얻는 일이 중생을 제도하기 위해서 먼저 갖추어야 할 일이라는 점이다. 물론 여기서 '먼저'라고 하는 것은 시간적 선후관계를 말하는 것이 아니라 논리적 선후관계를 말할 뿐이다. 그만큼 엄격한 자기 수행을 통하여 스스로 무위심(無爲心)이 될 수 있을 때 참된 자비를 행할 수 있음을 강조하는 것이라고 이해된다.

짐짓 몸을 나투시는 자비

나무대비관세음(南無大悲觀世音)

원아속도일체중(願我速度一切衆)
나무대비관세음(南無大悲觀世音)
원아조득선방편(願我早得善方便)
자비하신 관세음께 발원하오니
모든중생 어서빨리 건너게하고
자비하신 관세음께 발원하오니
좋은방편 어서빨리 얻어지이다

 불교의 궁극적 이상은 무엇일까? 많은 사람들이 '깨달음의 성취'라고 대답할 것같다. 불교가 깨달음의 종교인 이상 그와 같은 대답이 틀린 것이라고 할 수는 없을 것이다. 그러나 그같은 대답은 아무래도 부분적인 느낌이 든다. 깨달음의 성취는 또 무엇을 위해서란 말인가? 깨달음은 깨달음을 위해서 존재하는가? 불교는 불교를 위해서 존재하는가? 그렇지 않을 것이다.
 깨달음은 중생들에게 이익을 주기 위해서 있는 것이다. 불교는 불교 아닌 중생들과 그들의 세계를 위해서 존재하는 것이다. 그래서 우리는 중생이 깨달음을 위해서 있는 것이 아니라 깨달음이 중생을 위해서 존재한다고 말할 수 있게 된다. 중생이 없으면 부처님의 깨달음도 불가능했을 것이고 앞으로 우리들의 깨달음도 불가능할 것이다.
 어릴 때 농경제(農耕祭)에서 본 죽어가는 벌레들, 사문유관(四門遊觀)의 이야기가 보여주고 있는 늙음, 병, 죽음의 모습들이 없었다고 한다면 카필라의 젊은 왕자 싯다르타가 어떻게 무상(無常)을 느끼고 고(苦)를 알 수 있었을 것인가. 무상을 느끼지 못하고 고를 알 수 없었다면 어찌 무아임을 깨달을 수 있었을 것인가.

무상, 고, 그리고 무아, 이 세 가지 진리[三法印]를 마음으로 받아들이지 못하고 내면화시키지 못한다면 어떻게 불자라고 할 수 있겠는가.

중생이 깨달음보다 앞서고 중생으로 말미암아 깨달음이 있게 된다는 것은 '화엄의 논리'라고 할 수 있다. 또 바로 보살행과 대승의 논리이기도 하다. 그런 만큼 그것은 경전 속에서 근거가 발견되지 않아서는 아니된다. 『화엄경(보현행원품)』에서는 다음과 같이 설한다.

모든 부처는 자비를 그의 체(體)로 삼고 있기 때문에 중생으로 말미암아 자비를 일으키며 자비로 말미암아 보리심을 낳는다. 또 그 보리심으로 말미암아 깨달음을 얻는다

나무대비관세음(南無大悲觀世音)
원아속도일체중(願我速度一切衆)

자비하신 관세음께 발원하오니
모든중생 어서빨리 건너게하고

여기 '원아속도일체중'의 시제(時制)는 무엇일까? 현재형, 아니 현재진행형이다. 다시 말해서 우리가 사는 이 시대의 중생들을 제도하겠다는 살아 있는 맹세요, 살아 있는 언어와 다름없다.

그런데 문제는 '원아속도일체중'이 보살의 존재방식, 보살의 당위적 이념일 수는 있어도 그 구체적 전략은 못 된다는 데에 있다. 그 제도 중생의 전략을 여기서는 선방편(善方便)이라고 부르고

있다. 아무리 의도가 좋아도 선방편을 갖추지 못하면 그 뜻은 실현할 수 없게 된다. 실패로 끝나버리고 말 것이다.

그래서 관세음보살은 선방편을 얻고자 발원하고 있다. 자기 이름을 힘껏 온 마음[一心]으로 부르는 자는 다 구제하고 천수다라니를 염송(念誦)하는 천수행자(千手行者)의 모든 소원 역시 그 '마음'대로 이루어지기를, 그의 손과 눈이 천 개라고 하는 수사도 그가 이와같은 선방편을 갖추고 있음을 나타내고 있는 것이다.

관세음보살의 선방편은 그것만이 아니다. 중생들의 그릇에 따라 중생들과 함께하면서 보다 효율적이면서도 중생들은 알지 못하게 가피를 내리고자[冥熏加被力] 그 스스로를 부단히 변화시킨다. 거듭거듭 난다. 나날이 새로워진다. 어떤 때에는 부처님으로 어떤 때에는 신(神)으로 어떤 때에는 장군으로 대통령으로, 재벌로, 공무원으로, 아줌마로, 소년 소녀로……. 이것이 바로 관음의 보문시현(普門示現)인 것이다. 중생들의 근기에 따른 관세음보살의 변화는 끝이 없다. 삼십이응신(三十二應身)만이 아니다. 팔만 사천 응신으로 자재롭다.

우리가 독송한 이 발원은 불교사회철학(Buddhist Social Philosophy)의 핵심을 제시해 주고 있다. 그 시작은 자비요, 그 끝은 중생들의 근기에 맞는 방편행(方便行)임을 말해주고 있는 것이다. 그리고 관세음보살의 '보문시현'에서 불교의 사회적 실천의 경전적 근거를 발견할 수 있게 된다.

관음을 생각하면서, 관음을 따르는 우리 천수행자들도 그렇게 중생들에 따라서 변화하며 제도하는 동사(同事)가 무량(無量)해야 할 것이다. 그러나 한편 그 중생들이 모두 우리를 제도하러 짐짓 몸을 나투신 '님'인 줄도 우리는 안다.

지혜의 길

나무대비관세음(南無大悲觀世音)
원아속승반야선(願我速乘般若船)
나무대비관세음(南無大悲觀世音)
원아조득월고해(願我早得越苦海)
자비하신 관세음께 발원하오니
지혜의배 어서빨리 타기원하며
자비하신 관세음께 발원하오니
고해바다 어서빨리 건너지이다

　천수행자들은 관세음보살을 '자비'의 어머니라고 부른다. 따라서『천수경』은 자비의 메시지를 특별히 강조하고 있는 경전이다. 불교는 지혜와 자비의 가르침이다. 지혜와 자비는 언제나 함께 있어야 하는 덕목이다. 지혜와 자비의 관계는 수레의 두 바퀴와 같고 새의 두 날개와 같다. 지혜가 없는 자비는 올바른 자비가 될 수 없고 자비가 없는 지혜는 소승의 마른 지혜[乾慧]로 전락되고 만다. 그러므로 자비의 경전인『천수경』역시 자비만을 설하지 아니하고 자비와 함께 지혜를 시설(施設)하고 있음은 당연하다 할 것이다.
　자비를 실천하기 위해서도 지혜가 필요하다는 것은 앞서 설한 바 있다. '무위심내기비심'이 바로 그것, 그리고 십원(十願) 중에서도 '원아조득지혜안'이 앞에서 설하여졌다. 그것은 이타문(利他

門)에 속한다고 하였다. 이에 반하여 여기의 '원아속승반야선'의 반야는 자리문(自利門)에 속하고 있다. 지혜와 반야가 다른 의미일 수는 없다. 하나는 의역이고 하나는 음역일 뿐이다. 그 뒤에 괴로움의 세계[苦海]를 건너고자 하는 원과 연결되어 있다. 그러므로 자리문이다. 반야가 괴로움의 세계를 건너는 배에 비유되고 있는 것도 그 까닭이다.

물론 괴로움의 세계를 뛰어넘어 깨달음의 세계로 가는 데에는 반야만이 유일한 길은 아니다. 보시, 지계, 인욕, 정진, 선정, 지혜의 육바라밀(六波羅密)은 흔히 생각하는 것과는 달리 어느 하나만 충실히 하면 깨달음에 이를 수 있다. 그 모두 하나하나 다 실천해야 깨달음에 이르는 것은 아니다. 그런데도 불구하고 여기서 '반야선(般若船)―월고해(越苦海)'의 구조를 띠는 것은 반야가 다른 실천수행의 근저에 자리잡아야 하기 때문이다. 팔정도(八正道)의 정견(正見)도 육바라밀에서의 반야의 위치와 같다고 할 수 있다.

'반야선―월고해'의 인과관계는 이 발원문의 핵심적인 구조이다. 반야와 고해를 건너는 인과관계[逆觀, 還滅門]는 '어리석음―괴로움의 세계'의 인과관계[順觀, 流轉門]를 전제하고 있다. 이처럼 불교는 현실에서 시작하여 현실을 초월하고 있는 것이다.

우리 사는 세계가 괴로움의 바다라고 한다면 그 괴로움은 어디서 오는 것이며 그것은 또 무엇이라고 정의될 수 있을까? 붓다의 원천적 메시지를 담고 있는 것으로 평가되는 아함(阿含)에서 살펴보자. 어떤 불교교설이라고 하더라도 구조적으로는 동일하다고 할 수 있다. 잡아함의 한 경에서 부처님은 한 제자에게 묻는다.

"너는 어찌 생각하느냐. 물질적 존재[色]는 영원하겠느냐, 무상하겠느냐?"

"그것은 무상합니다."

"물질적 존재가 무상이라면 그것은 우리에게 있어 고(苦)이겠느냐, 낙(樂)이겠느냐?"

"그것은 고(苦)입니다."

이에 의하면 무상을 깨닫지 못하는 것이 고라는 것이다. 정신과 물질 모두 무상하므로 고이고, 무상하고 고이므로 무아라고 하는 불교 특유의 진리[三法印]가 계속 설해진다. 정신과 물질, 즉 인간이 무상할진대 인간이 사는 세계가 무상함은 말할 나위가 없다. 인간의 소유나 인간의 욕망이 어찌 무상하지 않을 수 있겠는가? 그럼에도 불구하고 우리 중생은 무상을 무상으로 보지 못하고 무상을 영원한 것으로 잘못 인식하는 전도된 소견에서 고가 생긴다는 것이다.

사람들은 명예와 권력, 그리고 부귀를 영원한 것으로 본다. 내가 있고, 나의 것이 있고, 나의 본체가 있다고 생각한다. 이를 어리석음이라고 하는 것이다. 무상을 무상으로 보지 못하는 어리석음에서 온갖 번뇌와 탐욕을 부린다. 즉 어리석음에서 업(業)을 짓게 되고, 고의 세계에서 헤어날 수 없게 되는 것이다.

인간은 고와 낙을 예민하게 분별하고 낙을 추구한다. 고해를 건너서 낙토(樂土)에 가고 싶지 않은 사람이 누구이겠는가. 그렇다면 어떻게 해야 어리석음과 고를 떠날 수 있을까? 그 비결이 따로 있는 줄 생각하기 쉽다. 그러나 그렇지 않다. 지혜는 별다른 것이 아니다. 어리석지 않으면 그것이 곧 지혜이다[但盡凡情 別無聖

解].

　이제 어리석음의 전도된 견해를 떠나자. 모든 것이 무상하다. 무상을 무상인 줄 알 때, 무상인 줄 느낄 수 있을 때 괴로움의 바다 저 건너편 육지에 서있는 우리를 보게 될 것이다.

삼학(三學)을 통하여

　　　나무대비관세음(南無大悲觀世音)
　　　원아속득계정도(願我速得戒定道)
　　　나무대비관세음(南無大悲觀世音)
　　　원아조등원적산(願我早登圓寂山)
　　　자비하신　관세음께　발원하오니
　　　삼학을　　어서빨리　얻기원하며
　　　자비하신　관세음께　발원하오니
　　　열반의산　어서빨리　올라지이다

　현재 유통되고 있는 『불자수지독송경』류를 보면 '원아속득계정도'가 아니라 '원아속득계족도(願我速得戒足道)'라고 되어 있는 것이 많다. '계족도'라고 할 경우는 '계를 갖춘 도'라는 뜻이 된다. 현존 고판본 중에도 그렇게 되어 있는 경우가 있다. 1762년에 간행된 『관세음보살영험약초』에 '원아속득계족도'라고 되어 있으며 뜻으로 보아도 그것이 반드시 틀린 것이라고는 하기 어렵다.

그런데 신수대장경에 수록된 가범달마 번역의 『천수천안관세음보살광대원만무애대비심다라니경』과 1881년에 판각된 『고왕관세음천수다라니경』에는 '계정도'라고 되어 있다. 이를 종합해 볼 때 옛날부터 서로 혼용되어 온 것같다. 필자는 '계정도'라고 읽는 것이 전체의 경의(經意)에 보다 가까운 것으로 생각한다.

관세음보살의 발원은 어서 빨리 열반을 증득하고자 하는 것이다. 원적(圓寂)은 바로 열반(nibbana)을 말하기 때문이다. 열반은 무엇인가? 아함(阿含)의 상응부경전(相應部經典, Saṁyutta-Nikāya)에는 「열반」이라고 이름하는 한 경전이 있다. 한 벗이 열반에 대해서 사리불에게 묻는다. "사리불이여, 열반, 열반하고 말하지만 대체로 열반이란 무엇인가?" 사리불의 다음과 같은 대답은 열반에 대한 가장 원초적인 정의를 보여주고 있는 것이라 할 수 있다. "벗이여 탐욕의 소멸, 노여움의 소멸, 어리석음의 소멸, 이것을 일컬어 열반이라 하는 것이다."

열반이 저쪽 언덕[彼岸]이라면 탐욕, 노여움, 어리석음은 이쪽 언덕[此岸]이다. 탐욕, 노여움, 어리석음을 다스려서 소멸하지 않고서는 애당초 열반은 불가능하게 된다. 그렇다면 이제 남는 문제는 어떻게 해야 탐욕, 노여움, 어리석음이라고 하는 세 가지 독[三毒]을 다스릴 수 있는가 하는 것이다.

병이 있으면 약이 있기 마련이다. 끝이 없는 중생들의 병에 대해서 끝이 없는 부처님의 약이 처방된다. 부처님은 세 가지 독이라는 병에 대하여도 세 가지 배움이라는 약을 처방하고 있다. 어느 누구도 이 삼학(三學)에 의지하지 않고서는 깨달음을 이룰 수 없었다고 말해진다. 계(戒)는 탐욕을 다스리고, 정(定)은 노여움을 다스리고, 혜(慧)는 어리석음을 다스린다. '원아속득계정도'의

도는 혜를 가리킨다. 도는 곧 지혜이기 때문이다. 어리석음의 반대는 지혜가 아닌가.

　계, 정, 혜 삼학은 초기불교에서부터 대승불교를 거쳐서 선불교에 이르기까지 전 불교사를 통하여 일이관지(一以貫之)하는 불교의 근본적 가르침이다. 혜능(慧能), 신수(神秀), 그리고 도림(道林, 741~824)선사 같은 분들도 삼학을 함께 닦을 것을 힘주어 말했으나 가장 강조하신 분은 바로 보조국사 지눌(知訥, 1158~1210)이다. 보조스님은 부패하고 활기를 잃은 고려불교를 소생시키기 위해서는 계, 정, 혜 삼학에 의지하지 않으면 안 된다고 판단하였다. 그래서 그는 자신이 주창한 결사운동의 이름을 '정혜결사(定慧結社)'라고 한 것이다.

　'정혜결사'라고 이름한 것은 삼학의 실천을 그 이념으로 하고 있음을 표방한 것에 지나지 않는다. 결사운동의 이름에서는 '정혜(定慧)'만 말하고 있을 뿐, 계(戒)가 빠져 있으나 보조스님 스스로 정혜결사운동의 선언문이라고 할 수 있는 『정혜결사문(定慧結社文)』에서 '정혜'라고 하는 두 글자는 삼학의 약칭인데 갖추어 말하면 계, 정, 혜가 된다고 하고 있음을 보아서도 그의 결사운동이 삼학의 결사운동이었음을 알 수 있다.

　이를 통하여 우리는 삼학이 개인적 차원에서 삼독의 세계를 열반의 세계로 변화시킬 수 있는 약일 뿐만 아니라, 제 기능을 상실한 승가에 진정한 자기 위상을 되돌려주는 묘방이기도 하다는 점을 확인할 수 있다. 삼학을 떠나서는 개인의 열반도, 승가의 개혁도 불가능하다.

　보조스님의 시대와 우리의 시대가 다르긴 하지만, 불교교단을 걱정하는 이들의 목소리는 한결같다. 불교교단 앞에 산적한 도전과 과제 역시 마찬가지다. 아니, 우리의 시대가 오히려 더욱더 심각하다 할 수 있으리라. 변화를 강요하는 시대적 상황 속에서 여러 가지 이념과 방편이 새롭게 모색되고 있다. 그러한 이념과 방편 중에 『천수경』은 삼학을 통하여 개인적인 열반과 사회적인 열반[淨土]으로 나아갈 수 있지 않을까 하는 가능성을 제시해주고 있다.

그러므로 이제 우리는 삼학을 다음과 같이 재해석해본다. 계는 탐욕이 없는 나눔[布施], 정은 노여움이 사라진 자비와 평화, 그리고 혜는 어리석지 않은 정견(正見)으로. 그리고 지금은 개인적으로나 사회적으로나 정혜결사운동의 새로운 전개가 요청되고 있다.

집과 몸

나무대비관세음(南無大悲觀世音)
원아속회무위사(願我速會無爲舍)
나무대비관세음(南無大悲觀世音)
원아조동법성신(願我早同法性身)
자비하신 관세음께 발원하오니
무위속에 어서빨리 만나게하며
자비하신 관세음께 발원하오니
진리의몸 어서빨리 이뤄지이다

이 게송으로 우리는 십원(十願)을 다 읽게 된다. 앞에서도 지적했지만 십원에서는 이타문(利他門)이 먼저 서술되고 자리문(自利門)이 나중에 나온다. 그런데 그 자리문의 궁극이 집[舍]과 몸[身]에 대한 원으로 되어 있음은 자못 의미가 깊다 하겠다. 이는 마치 『십우도(十牛圖)』의 마지막 제10도에 '저자 거리에 다시 드는 것'[入鄽垂手]이 놓여 있는 것과 같은 이치라 하겠다. 불교는 결코 우리가 사는 집, 우리의 몸, 그리고 우리가 살아가는 이 현실세계를 부정하는 가르침이 아니라 현실을 인정하면서 그 현실을 진리의 세계로 바꾸어가라는 가르침임을 보여주고 있는 것이다.

흔히들 우리나라 사람만큼 집에 대한 집착이 강한 경우도 없다고 한다. 있는 사람은 있는 사람대로 '집, 집' 한다. 그들은 집을 통하여 더욱더 큰 부자가 되고 싶어 한다. 없는 사람들은 없는 사람대로 집없는 설움에서 벗어나고자 갖은 애를 다 쓴다. 오직 집을 장만하는 것이 어느덧 인생의 지상목표가 되어버린 것이다.

물론 주택정책의 실패와 혼선 등의 구조적 요인으로 인하여 많은 사람들이 스스로 목숨을 끊기까지 하였다. 하여튼 저간의 사정을 이해한다 하더라도 우리는 모두 집으로부터 소외된 것같다. 있는 자는 있는 자대로 소외되어 있고 없는 자는 없는 자대로 소외되어 있다.

물론 인간은 집없이 살지 못한다. 한편으로 집은 안정, 평화, 행복의 상징이다. 그러나 다른 한편으로는 집은 집착, 탐욕, 번뇌, 무명(無明)의 상징이 되어버린 것이다. 집[家]과 '네 가지 성스러운 진리'[四聖諦]에서 욕망을 뜻하는 집[集]이 한글로 동음어(同音語)인 것도 우연만은 아닌 것처럼 느껴진다.

이제 과감히 그러한 집—집에 대한 집착—을 떠나야 한다. 부처님의 출가는 그러한 집착, 탐욕, 번뇌, 무명으로부터의 떠남이기도 하다. 부처님을 모범으로 삼아서 그분의 뒤를 따르는 우리 역시 그런 것들로부터 떠날 수 있어야 한다. 그것이 마음의 출가[心出家]이며 진정한 출가이기도 하다.

집으로부터의 소외는 어디서 오는가? 집에 대한, 집으로 인한 집착, 탐욕, 번뇌, 무명의 근원은 '소유(所有, to have)'에 있다. 그것을 소유하고자 하는 데 있다. 소유는 함이 있는 행위이다. 유위(有爲)이다. '나무대비관세음 원아속회무위사'의 무위사(無爲舍)는 소유의 집이 아니다. 소유를 떠난 집이다. 무소유(無所有)의 집이다. 에리히 프롬(Erich Fromm)의 말을 빌리면, 그것은 존재(存在, to be)의 집이다. 집이 소유의 대상이 아니라 그에 살면서도, 집을 가지면서도 집착하지 않는 '존재'의 차원으로 승화되어야 한다. 그럴 때 비로소 그것을 무위사라고 할 수 있다.

어떻게 해야 그러한 무위의 집에 어서 빨리 들 수 있을 것인가? 오직 유일한 방법은 마음의 출가를 통한 소유욕에서 떠나는 길밖에 없다. 나[我]도 없고, 나의 것[我所]도 없고, '나'라 할 만한 것[我體]도 없는 차원에서 진정으로 무아를 체득, 실현할 수 있을 때 무위의 집에 든다 할 수 있을 것이다.

다음으로 몸에 대하여 생각해보자. 원아조동법성신(願我早同法性身), 이를 우리가 '진리의 몸과 어서 빨리 같아지기를 원하옵니다'라고 옮긴다면 중대한 오류에 떨어질 가능성이 많다. 진리의 몸과 나를 대립시켜 놓고 내가 진리의 몸에 하나가 되어야 한다는 식이 되기 쉽다. 그럴 때 진리는 내 몸 밖에 있는 것이 된다. 진리가 내 몸을 떠나서 있는가? 그렇지 않다. 내 몸을 떠나지 않고 있는 것이다.

만약 진리가 내몸 밖에 있다고 한다면, 우리가 인도철학의 역사에서 보듯이 범(梵, Brahman)이나 아트만(ātman)과 같은 절대적 실재가 객관적으로 있고 거기에 내가 동화(同化)되어 가는 것[梵我一如]이 종교의 궁극적 체험이라고 하는 것과 하등 다를 것이 없게 된다. 그러나 불교는 결코 그렇지 않다. 이 점에서 불교는 그같은 힌두교와 뚜렷이 구별된다.

진리가 우리 안에 가득 들어있는데 또다시 밖에서 찾을 까닭이 없다. 이미 스스로 부자인데 다시 구걸할 까닭이 없으며 내 몸과 마음을 떠나서 진리가 있는 것이 아니다. 다만 그것을 깨닫기만 하면 될 뿐이다. 옛 선사들이 언제나 경계하지 않았는가. "마음 밖에 부처가 없다", "마음 밖에서 찾지 말라"고 경계한 것도 바로 그러한 이유에서이다. 그래서 우리는 '원아조동법성신'을 '어서 빨리 진리의 몸 이루기 원하옵니다'로 옮긴 것이다.

진리의 몸[法性身]은 몸과 마음으로 나누어진 몸이 아니다. 몸과 마음이 나누어지기 전의 몸이다. 불교에서 몸이라 할 때는 마음인 몸을 말하고 마음이라 할 때는 몸과 하나인 마음이다. 따라서 진리의 몸은 마음이 진리의 마음이 되었을 때 몸 역시 진리의 몸이 되는 것이고 그것을 일러 '법성신'이라 하는 것이다. 물론 그러한 법성신은 법신(法身)과 다르지 않고 '동법성신(同法性身)'은 부처가 되는 것[成佛]이다.

지옥 가는 사람들

아약향도산(我若向刀山)
도산자최절(刀山自摧絶)
아약향화탕(我若向火湯)
화탕자소멸(火湯自消滅)
칼산지옥　들어가면
칼산절로　무너지고
화탕지옥　들어가면
화탕절로　없어지며

별원(別願) 중에서 십원(十願)은 끝나고 이제 육향(六向)이 시작된다. 이 육향도 관세음보살의 발원임은 앞에서 서술한 바 있다.

　칼산과 화탕은 모두 지옥세계이다. 그와 같은 지옥세계를 가는 [向] 주체는 바로 관세음보살이다. 육향의 발원자가 관세음보살이기 때문이다. 『천수경』에서는 관세음보살이 단순히 보타락가산이나 극락세계의 아미타불 옆에 서있는 정적(靜的)인 보살이 아니라 지옥에서 자비를 실천하는 동적(動的)인 보살로 묘사되어 있음을 알 수 있다.

　불교는 제도의 종교이다. 타력적(他力的)인 절대자를 상정하고 그로부터 제도된다고 주장하는 것은 아니지만 자력적(自力的)으로 자기 제도를 마친 불보살들이 자력에서 더 나아가 타력이 되어 일체중생을 타력적으로 제도한다는 의미에서 제도의 종교이다. 단순히 자력으로 성불했다고 해서 개인의 완성과 개인의 행복만을 추구하는 그런 종교는 아닌 것이다. 따라서 불교의 궁극 목적은 성불이 아니라 성불을 통하여 얻은 힘으로 중생을 제도하는 데에 있는 것이다.

부처님이 되고 나면 부처님은 무엇을 하실까.『아함경』에서는 이미 모든 것을 성취한 자이기 때문에 부처님은 고독했다고 한다. 이를 '정각자(正覺者)의 고독'이라고 한 학자도 있다. 자기문제는 모두 해결되었다. 더이상 자기문제의 해결을 위해서 노심초사할 까닭이 없다. 이제 그저 삼계(三界)를 유희(遊戲)할 따름이라고 한다. 이른바 불유희삼매(佛遊戲三昧)이다. 물론 이때의 유희는 오락이나 게임이 아닌 소요(逍遙)이다. 함이 없이 하는 것[無爲而爲]이다. 육향에서 '-自-'의 논리도 바로 그런 점을 가리키는 것이다. 소요유(逍遙遊)의 차원에서 함이 없이 하는 제도중생이기 때문에 '자최절(自摧絶), 자소멸(自消滅)'이라고 한 것이다.

그런데 자기문제가 모두 해결되었다고 해서 그 모두가 제도중생의 길에 나서지는 않는다. 그래서 우리는 부처님과 보살님의 은혜를 느끼게 되고 감사하게 된다. 예컨대 소승의 독각(獨覺)은 그대로 열반의 세계에 든다. 부처님도 정각을 이룬 후 '곧바로 열반에 들라'는 악마의 유혹을 받은 적이 있었다. 그러나 독각과는 달리 부처님은 제도중생의 길에 나선 것이다. 부처와 독각의 차이는 이처럼 제도중생의 이타적 발원이 있느냐 없느냐 하는 점에서 차이가 있다. 그들을 가르는 분기점은 바로 비(悲, karuṇa)의 유무(有無)이다.

칼산지옥에서 사는 중생들, 화탕지옥에서 사는 중생들은 윤회하고 있는 중생들이다. 윤회의 세계에서 고통받으며 살고 있는 그들의 괴로움에 대해서 슬픔과 연민(悲)을 느끼고 함께 아파하기 때문에 부처님은 지옥을 가는 것이다. 관세음보살도 그래서 지옥을 간다. 지장보살도 그래서 지옥으로 간다. 불보살에게는 지옥중생의 고통이 참을 수 없는 그들의 고통이다. 스스로는 윤회하지만 그 속에서 괴로워하는 중생들의 소리를 참아낼 수 없기 때문에 그들은 지옥으로 간다.

부처님이나 관세음보살이 지옥에 간다고 하지만 사실은 지옥에 가는 것이 아니라 이름하여 '지옥에 간다'고 할 뿐이다. 그들은 가고 싶어서 가는 것이기 때문이다. 마치 교도소의 교도관이 어떤 사명의식을 지니고 스스로 교도소에 가서 재소자를 교화할 때 그들에게는 교도소가 부자유의 감옥이 아니듯이, 이렇게 부처님이나 관세음보살이 지옥에 가는 것은 원력으로 가는 것이다. 이른바 원력수생(願力受生)이다. 그들의 지옥행(地獄行)은 가고 싶어서 가는 것이라고 할 수 있다.

그러나 중생들의 지옥행은 가고 싶어서 가는 것이 아니다. 가기 싫은대도 안 갈 수 없어서 억지로 가게 된다. 그들은 지옥에 가는[向地獄] 것이 아니라 지옥에 가지는[墮地獄] 것이다. 능동과 수동, 사동과 피동의 차이이다. 지은 업이 많아서 그 업의 힘이 그들로 하여금 지옥의 고통을 받게 하는 것이다. 이른바 업력수생(業力受生)이다. 마치 죄를 짓고 교도소에 수감되는 사람들과 같이.

똑같이 지옥에 가는 사람들이고 똑같이 지옥에서 사는 사람들일지라도 하늘과 땅만큼의 차이가 있다. 한쪽은 지옥이 마침내 텅텅 빌 때까지 끝없는 자비를 실천하기 위해서 존재(存在)하고,

한쪽은 그들이 지은 업으로 말미암아서 부득이 구속(拘束)되는 것이다. 전자의 삶이 소요(逍遙)라고 한다면 후자의 삶은 소외(疎外)이다. 소외된 삶에 동참해서 소요의 길을 가리켜주는 데에서 불보살의 은혜가 새록새록 되살아나는 것이며 스스로 소요할 수 있으나 소외된 삶의 세계로 간다는 데에서 대승보살의 비원(悲願)을 느낄 수 있다.

우리도 관세음보살님처럼 지옥에 '가자.' 그러나 지옥에 '가지지'는 말자.

두드리지 않아도

> **아약향지옥**(我若向地獄)
> **지옥자고갈**(地獄自枯渴)
> **아약향아귀**(我若向餓鬼)
> **아귀자포만**(餓鬼自飽滿)
> 지옥중생 되어가면
> 지옥절로 사라지고
> 아귀중생 되어가면
> 아귀절로 배부르며

말씀에 대해서 이야기하기 전에 한 가지 덧붙여 둔다. 육향의 '아약향화탕 화탕자소멸 아약향지옥 지옥자고갈'의 경설(經說)이

잘못되지 않았느냐 하는 점이다. 이 문제는 신문에 연재하는 동안 독자들로부터 받은 질문이기도 하다. 뿐만 아니라 그렇게 신도들에게 가르치는 스님도 계신 것같고, 아예 '소멸'과 '고갈'을 스티커로 바꾸어 붙여서 『천수경』을 법보시(法布施)하는 경우도 보았다. 아마도, 그렇게 바꾸어야 한다고 생각하시는 분들은 '화탕'은 뜨거운 기름물이니까 말라버려야 하며 지옥은 없어져야 하는 것이 아니겠는가 생각하는 것 같다.

 그러나, 필자의 입장을 결론부터 말하면 그대로 두어도 틀리지 않으며, 그렇기 때문에 지금까지의 전승(傳承)을 바꾸어서 독송해야 한다고는 생각지 않는다. 십원육향이 시설(施設)되고 있는 신수대장경의 가범달마 옮김이나 불공(不空) 옮김에서도 모두 '화탕자소멸 지옥자고갈'로 되어 있다. 뿐만 아니라 우리나라에서 간행된 고판본, 예컨대 필자가 참조한 『관세음보살영험약초』(1762)와 『고왕관세음천수다라니경』(1881) 등에서도 '화탕자소멸 지옥자고갈'로 되어 있다.

 더욱 중요한 것은 화탕도 지옥이라는 점이다. 그 자체가 없어져야 한다. 따라서 '고갈'역시 '소멸'이라는 의미이다. '화탕자고갈 지옥자소멸'이라고 바꾸어 불러서 의미 자체가 틀린 것은 아니겠으나, 수많은 사람들이 함께 독송하는 경전을 그렇게 바꾸어서 혼돈을 초래할 까닭은 현재로서는 없다고 필자는 생각한다. 신중해야 하리라고 본다.

 불교해석학(Buddhist Hermeneutics)의 한 원칙에 '뜻을 의지하며 말에 의지하지 말라'고 되어 있지 않은가.

 이제 말씀에 대해서 이야기해 보자.

 지옥가는 사람들, 관세음보살을 이름이다. 지옥에서 고통받는 중생들에 대한 자비로 말미암아 관세음보살은 서방정토 극락세계에도 보타락가산에도 머무르지 아니하고 지옥으로 간다. 스스로 지옥으로 간다.

그런데 관세음보살이 지옥으로 가기만 하면 지옥은 스스로 사라진다[枯渴]고 하니, 이게 무슨 까닭인가? 아약향지옥 등 여기 육향(六向)의 '향(向)'은 가는 데 있어서 완료형을 의미하지 않는다. 번역에서는 비록 '―가면'이라고 하였으나 다 가서 '지옥에 도착하면'이라는 가정법도 아니다. 지옥을 가려고 그 방향을 지옥으로 향(向)하기만 하면이라는 뜻이다. 지옥을 바라보고 걸음을 떼려고 마음먹는 그 순간 이미 지옥은 '저절로' 사라지고 아귀는 또 저절로 배가 부르게 된다는 것이다.

저절로[自], 저절로는 함이 없는 무위(無爲)이다. 함이 없이 행하는 관세음보살의 자비를 가리키기도 한다. 그러나 그런 뜻도 있겠으나 여기서는 아무래도 '즉시에'(頓, sudden)라는 뜻이 더욱 강한 것같다. 관세음보살이 지옥에 도착해서 아귀세계에 이르러서 이렇게 저렇게 노력하기도 전에 그렇게 해야겠다 하고 염(念)하기만 하고 원(願)하기만 해도 '즉시에' 지옥이나 아귀는 사라지게 된다는 것이다. 관세음보살의 즉시해탈(卽時解脫)이 바로 그것이다.

또 '저절로'는 관세음보살의 절대적 자비, 절대적 구원을 나타내주는 것이 아닌가 한다.『관음경』(법화경 관세음보살 보문품)에 의하면 관세음보살은 "그의 위신력을 염하면 즉시에 해탈케 해준다"고 되어 있다. 그런데 과연 지옥중생이나 아귀중생들이 지옥의 고통에 시달리면서 관세음보살을 염할 수 있을까? 어려움에 처하여 불보살을 염할 수 있는 준비가 평소에 되어 있었다면 지옥이나 아귀가 되었겠는가? 결코 그렇지 않을 것이다. 임종시에 '나무아미타불'을 열 번만 염송한다면 극락에 왕생할 수 있다는 정토교학의 십념왕생원(十念往生願)도 극한 상황에 처하여 불보살의 명호를 부르기가 그만큼 어렵다는 것과 그러기 위해서는 평소 준비를 철저히 해야 한다는 것을 말하는 것이 아니겠는가.

그렇다면 여기서의 '저절로'는 "두드려라, 그리하면 열릴 것이다", "구하라, 그리하면 얻을 것이다"가 아니라 두드리지 않아도 열리는 것을 말함이요, 구하지 않았는데도 얻어지는 것을 말함이다. 자력(自力)의 인과율을 벗어난 절대타력(絕對他力)의 세계이다. 이같은 절대타력의 신앙은 관세음보살의 원력(願力)과 법력(法力)이 막강하다는 점을 나타내고 있다.

관세음보살의 힘이 저절로 지옥을 고갈시키고 비게[空] 하는 것이다. 이제 관세음보살이 향(向)하기만 해도 그렇거늘 하물며 관세음보살의 이름을 듣는 자나 관세음보살의 모양을 보는 자는 또 어떻게 될 것인가? 더 나아가서 관세음보살의 이름을 부르기까지 한다면 구원의 확실성은 더 말할 나위 없을 것이다. 여기서 우리는 중국의 이산교연(怡山皎然)선사의 『발원문』 중 한 구절을 함께 읽고자 한다. 이산교연선사는 관세음보살의 크나큰 자비로 시방법계(十方法界)에 다니면서 많은 중생을 건지고자 하면서 다음과 같이 서원하고 있는데, 『천수경』 육향(六向)의 원문(願文)과 동일한 의미로 생각된다

> 관음보살 대자비로 시방법계(十方法界) 다니면서
> 보현보살 행원(行願)으로 많은 중생 건지올 제
> 여러 갈래 몸을 나눠 미묘법문(微妙法門) 연설하고

지옥아귀 나쁜 곳에 광명놓고 신통보여
내 모양을 보는 이나 내 이름을 듣는 이는
보리(菩提)마음 모두 내어 윤회고(輪廻苦)를 벗어나되
화탕지옥 끓는 물은 감로수로 변해지고
검수도산(劍樹刀山) 날센 칼날 연꽃으로 화(化)하여서
고통받던 저 중생들 극락세계 왕생하며
나는 새와 기는 짐승 원수 맺고 빚진 이들
갖은 고통 벗어나서 좋은 복락 누려지이다.

　보살이 되어서 중생 제도를 행하는 일이 어디 쉬운 일이겠는가? 먼저 그들을 제도할 자기자신의 힘을 갖추지 않으면 아니된다. 이것은 시간적 선후관계가 아니다. 다만 논리적 선후관계일 뿐이다. 내가 그들을 향하기만 해도 그들의 문제가 모두 해결되고 그들이 내 이름을 듣기만 해도 그들의 얼굴에서는 미소가 빙그레 떠오르고 그들이 내 모양을 보기만 해도 그들의 마음은 평상심(平常心)을 되찾을 정도가 될 때, 나는 나름대로의 힘을 갖추었다고 할 수 있으리라. 이러한 힘을 갖추는 공부를 우리는 '보살학(菩薩學)'이라고 할 수 있으려니와 우리 천수행자(千手行者)들은 원을 세우고 보살학을 배워익혀야겠다. 『화엄경』 입법계품(入法界品)에서 선재동자가 53선지식을 찾아다니면서 묻고 배운 것이 바로 보살학이었다. "어떻게 보살의 길을 배우며, 어떻게 보살의 길을 행하리이까?"
　자, 다시 관세음보살의 입장에서 생각해보자. 두드리지 않아도 열어주시는 분, 구하지 않아도 얻게 하시는 분의 입장에서는 업이 많은 중생과 업이 적은 중생들 중에 어느 누구의 소리를 먼저 들으시고 어느 누구에게 구원의 손길을 먼저 뻗칠 것인가? 관세음보살의 크나큰 자비를 생각하면 이 질문은 우문(愚問)임에 틀림없다. 아무래도 관세음보살이 향하여 가는 그곳은 전부 지옥이고 아귀들이 사는 세상인 것이다. "지옥이 텅 비지 않으면 결코 성불하지 않겠다"는 원이 어찌 지장보살의 원이기만 하겠는가? 관세음보살의 원이기도 하고 우리의 원이기도 한 것이다.

마음 속의 지옥

아약향수라(我若向修羅)
악심자조복(惡心自調伏)
아약향축생(我若向畜生)
자득대지혜(自得大智慧)
아수라가 되어가면
악심절로 무너지고
축생세계 들어가면
지혜절로 일어지리

육향(六向)의 마지막이다. 그런데 1762년 가야산 가야사에서 발간된 『관세음보살영험약초』에 합편된 진언부에 보면 '악심자조복'은 '수라자조복'으로, '자득대지혜'는 '축생대지혜'로 나온다. 아마도 옛날에는 '수라자조복', '축생대지혜'로 쓰이다가 후대에 이르러 바뀐 것으로 보인다. 그 까닭은 무엇일까?

　악심이 저절로 무너지는 것이나 수라가 저절로 무너지는 것이나 크게 보아서는 같다고 할 수 있다. 그러나 후세 사람들이 그렇게 변용하여 독송한 데에는 단순히 글자상의 변화 이상의 더 큰 뜻이 있지 않을까. 왜냐하면 '수라(修羅)' 대신 '악심(惡心)'을 쓰고, '축생(畜生)' 대신 '자득(自得)'을 쓰는 것은 세계의 변화가 아닌 마음의 변화를 추구한 것으로 보이기 때문이다.

　이를 좀더 자세히 부연해보자. 지옥은 어디에 있는가? 또 극락은 어디에 있는가? 어떤 사람들은 지옥과 극락이 이 우주공간의 어느 곳인가에 있다고 생각한다. 그곳은 우리의 경험으로 알 수 있거나 볼 수 있는 곳이 아니라 하더라도 어딘가에 진짜로 있다고 믿는 것이다. 또 어떤 사람들은 지옥과 극락 등은 이 우주공간 안의 어디에 진짜로 있는 것이 아니라 다만 우리들 마음 속에 있을 뿐이라고 생각한다. 우리는 전자(前者)의 생각을 실재론(實在論)이라 하고 후자(後者)의 생각을 유명론(唯名論)이라고 부르고 있다.

　'실재론'과 '유명론'이라는 말은 우리의 이야기에서 자주 나오는 중요한 개념이다. 다소 어렵게 보이지만 어렵지는 않다. 어떤 하나의 단어가 있을 때 그 단어가 반드시 그에 대응하는 대상을 실제로 가져야 한다고 생각하는 주장을 실재론이라고 한다. 반대로 단어는 있어도 그에 대응하는 대상이 없을 수도 있으며 그럴 경우, 그 단어는 그저 이름일 뿐이라는 입장이 유명론이다. 우리의 사고는 이 두 가지 중에서 어느 하나의 입장을 취하게 되는데 불교의 기본 입장은 유명론을 취하고 있다. 위에서 든 지옥과 극락의 설명에서 이들 두 가지 사유방식이 뚜렷이 대비되어 있다.

정토교학(淨土敎學)에서 보는 바와 같이, 극락은 서방에 있으며 거기에 아미타부처님과 관음, 세지보살이 있어서 임종시에 '나무아미타불'을 열 번 외면 왕생할 수 있다고 생각하는 타방정토설(他方淨土說)은 실재론적 정토관이라고 할 수 있다. 그와는 달리 극락이 저 멀리 있는 것이 아니라 바로 우리의 청정한 마음이라고 주장하는 선가(禪家)의 유심정토설(唯心淨土說)은 유명론적 정토관이라고 할 수 있다.

앞의 사향(四向) 즉, 도산, 화탕, 지옥, 아귀 등에 대해서 원을 세울 때에는 도산등이 그대로 소멸된다고 함으로써 실재론적이었는데 여기 이향(二向), 수라와 축생은 유명론적이라고 할 수 있다. 물론 수라와 축생도 실재론적으로 이해할 수 있다. 수라는 차치하고라도 축생은 우리와 같은 동물로서 윤회의 세계를 살고 있음이 분명하기 때문이다. 그럼에도 불구하고 '수라'와 '축생'을 각기 '악심'과 '자득'으로 변용하고 있음은, 사실은 그 둘만이 아니라 육향(六向)에서 이야기되고 있는 윤회의 세계 전부를 실재론적으로나 유명론적으로나 모두 이해할 수 있음을 나타낸 것으로 생각된다. 마지막 이향(二向)은 그 유명론적 이해의 가능성을 열어주는 것이 아닌가 한다.

그렇다면 유명론적 입장에서는 도산, 화탕, 지옥, 아귀, 수라, 축생을 어떻게 이해해야 할 것인가? 도산, 화탕, 지옥은 모두 지옥이고 거기에 아귀, 수라, 축생을 포함하면 육도(六途)의 세계 중에서 네 가지 악도가 된다. 여기에 인간과 천상(天上)을 포함하여 육도가 되는 것이다. 앞의 네 가지 악도는 오직 고만 있고 낙이 없으며, 천상은 오직 낙만 있고 고는 없으며, 인간은 고락이 함께 한다고 한다.

유명론적 입장에서는 고(苦)만 있는 마음이 지옥등의 사악도(四惡途)이고 낙만 있는 것이 천상이고, 고와 낙이 함께 하는 것이 인간이라고 한다. 물론 여기의 고와 낙은 절대적인 것이 아니라 상대적인 고와 낙이다. 그러므로 끝이 있다. 고와 낙이 다할 날이 있다는 것이다.

고의 마음은 탐, 진, 치 삼독심으로 가득찬 마음이다. 우리 마음에 탐욕이 가득 찰 때 어느덧 우리는 아귀가 되는 것이요, 분노로 가득 찰 때 어느덧 우리는 수라가 되고 어리석음이 가득찰 때 어느덧 우리는 축생이 된다. 탐욕, 분노, 어리석음이 집중될 때 우리 마음은 지옥이 된다. 도산지옥도 되고 화탕지옥도 된다.

우리는 하루에도 얼마나 자주 지옥, 아귀, 수라, 축생의 사악도를 출입하고 있는가. 그럴 때마다 천수행자들은 관세음보살을 염하고 관세음보살의 원을 염하며 천수다라니를 독송한다면 어느덧 마음의 도산지옥은 연꽃으로 변하고, 마음의 화탕은 소멸해버리고, 마음의 지옥은 고갈되고, 마음의 수라는 조복되고, 마음의 축생은 지혜로 변하게 되는 것이다. 천수다라니를 독송하는 것은 빛을 받아들이는 것이고 마음 속의 네 가지 악도는 어둠이기 때문이다. 어둠은 빛을 이길 수 없는 것이다[明暗不相敵].

설사 실재론적으로 지옥이 있다한들 마음에 탐, 진, 치 삼독심이 사라졌는데 어떻게 악도에 날 수 있으랴. 그래서 영가현각(永嘉玄覺, 647~713)스님이 깨달음을 얻고 난 뒤에 지었다고 전해 오는 『증도가(證道歌)』에서는 다음과 같이 노래하고 있지 않은가.

몰록 깨달아 마치니

그 속에 여섯 가지 바라밀의 온갖 행이 있어라
꿈속에 있을 때는 육도가 분명해도
깨고 나면 삼천대천세계가 텅 비었네

돈각료여래선(頓覺了如來禪)
육도만행체중원(六度萬行體中圓)
몽리명명유육취(夢裡明明有六趣)
각후공공무대천(覺後空空無大千)

4. 별귀의(別歸依)

대심범부(大心凡夫)

나무관세음보살마하살(南無觀世音菩薩摩訶薩)
나무대세지보살마하살(南無大勢至菩薩摩訶薩)
나무천수보살마하살(南無千手菩薩摩訶薩)
나무여의륜보살마하살(南無如意輪菩薩摩訶薩)
나무관세음보살마하살
나무대세지보살마하살
나무천수보살마하살
나무여의륜보살마하살

 이제부터는 관세음보살과 대세지보살, 그리고 아미타부처님에 대한 귀의가 고백된다. 특히 여러 가지 이름으로 불리는 관세음보살에 대해서 한 분 한 분 귀의를 표명하고 있기 때문에 '별귀의'라고 부른다. 이는 『천수경』마지막 불, 법, 승 삼보(三寶)에 대한 '총귀의(總歸依)'에 비교해서이다.
 천수보살은 손이 천 개고 눈이 천 개인 관세음보살을 의미하고 여의륜(如意輪)보살 역시 관세음보살의 다른 이름이다. 여의륜의 여의(如意)는 관세음보살의 위신력이 하지 못함이 없음을 말하는 것이고, 륜(輪, cakra)은 법륜을 의미한다. 따라서 여의륜보살은 뜻한 바대로 자유자재로 진리를 말씀해주시는 '시무외자(施無畏者)'로서의 관세음보살을 나타낸 것이라고 생각된다.

관세음보살과 대세지보살은 아미타부처님의 입장에서 보면 좌우 보처(補處)보살이다. 곁에서 아미타부처님을 도와서 뭇 중생을 정토세계로 인도하시는 분들이다. 여기서는 그같은 아미타부처님의 입장에 서서 이해하는 것이 옳다고 생각된다. 뒤에 '나무본사아미타불'이라고 해서 아미타부처님에 대한 귀의가 행해지기 때문이다. 전체적으로 보아서 이 별귀의에 나타나 있는 신앙적 입장은 아미타를 중심한 관음, 세지(勢至)의 정토신앙이라고 할 수 있을 것이다. 관세음보살 역시 그러한 미타삼존(彌陀三尊)의 한 분으로 이해될 뿐이다.

관세음보살은 자비를 상징하고 대세지보살은 위덕(威德)을 상징한다. 관세음보살이 모성(母性)의 현현이라면 대세지보살은 부성(父性)의 현현이다. 중생을 제도함에 있어서는 자비와 함께 근엄함이, 근엄함과 함께 자비가 균형지워져야 하는 것이다. 마치 아버지의 엄격함과 어머니의 포근함이 조화를 이룰 때 그 자식이 올바르게 자라는 것과 같다.

그런데 왜 여기서는 그저 '보살'이라고만 하지 않고 '보살마하살(菩薩摩訶薩)'이라고 할까? 그 의미는 무엇일까? '마하살'은 산스크리트어 마하사트바(mahāsattva)의 소리번역이다. 위대한 중생, 위대한 생명이라는 뜻인데 그 속에는 마하보디사트바(mahā bodhisattva)의 의미까지 담겨 있다고 보아야 좋을 것이다. 깨달음을 향해가는 보살, 중생을 향해가는 보살, 그 분의 삶이 중생에게는 너무나 고맙고 위대하므로 '보살마하살'이라고 하여 우리들의 신앙심을 정서적 차원에까지 내면화시켜 가는 것이다.

또 뜻으로 번역하면 대사(大士)라고 한다. 무엇이 크기에 마하사트바, 즉 대사(大士)라고 하는 것일까? 물론 원력이 크기 때문이다. 뿐만 아니라 그 마음이 역시 크다고 해서 '마하사트바'라고 부른다. 중생들 스스로는 자기 마음을 작다고 생각하지만 발심을 한 보살은 그 마음을 스스로 크게 가진다. 그렇게 되면 이미 보살심(菩薩心)이다. 발심을 한다는 것은 우리의 중생심이 본래 청정하며, 모든 덕(德)을 갖추고 있으며, 스스로 완전한 존재라고 확신하는 것을 말한다. 이렇게 스스로 그 마음을 크게 쓰는 사람들을 대심범부(大心凡夫)라고 하는데 보살의 다른 이름이다.

부자는 결코 구걸하지 않는다. 스스로 구족(具足)하여 있고 스스로 완전하기 때문이다. 불교가 무신론인 까닭도 바로 여기에 있으며 스스로 완전자인데 다시 완전자를 자기 밖에서 구할 필요가 없는 것이다. 마치 부자가 배고프면 스스로 음식을 사서 먹으면 되지, 구걸을 할 필요가 없는 것과 같다. 요즘 우리 사회의 종교문화 속에서는 공포를 주는 종말론(終末論)적 신앙행태가 횡행하고 있으며, 그들의 말대로라면 그들의 신을 믿고 맹종하지 않는 무신론자들은 지옥을 갈 지도 모른다. 그렇기 때문에 불교를 믿는 사람들은 지옥을 가도 좋다고 하는 각오가 있어야 한다. 역설적으로 말해서 그렇게 마음을 크게 먹는 사람이 보살마하살이다.

사람들이 스스로 구걸하러 다니는 것은 자기가 본래 갖고 있는 무한한 재산을 인식하지 못하기 때문이다. 『법화경』에서 설하고 있는 '옷속 구슬의 비유'[衣珠喩]가 나타내고자 하는 바도 바로 이것이다. "너 자신을 알라"는 말이 소크라테스에게서는 무지(無知)한 자기를 정확히 인식하라는 말이지만 불교적으로 해석하면

"너 자신이 부처임을 알라"는 뜻이 된다. 스스로 부처임을 믿는 것을 대승의 기신(起信)이라 하고 스스로 부처임을 깨닫는 것을 선문(禪門)의 돈오라고 부른다. 그러므로 나무(南無, namas)는 타자(他者)에의 의지가 아니라 자기에의 귀명(歸命)인 것이다. 자기에의 귀명만이 '보살마하살'에 대한 보살마하살의 참된 귀의라 할 수 있다. 이렇게 자기에의 귀의[自歸依]를 할 수 있을 때 비로소 우리는 부처님의 마지막 말씀을 저버리지 않을 것이다[法歸依].

끝없는 귀의

    나무대륜보살마하살(南無大輪菩薩摩訶薩)
    나무관자재보살마하살(南無觀自在菩薩摩訶薩)
    나무정취보살마하살(南無正趣菩薩摩訶薩)
    나무만월보살마하살(南無滿月菩薩摩訶薩)
    나무대륜보살마하살
    나무관자재보살마하살
    나무정취보살마하살
    나무만월보살마하살

  다른 사람으로부터 귀의를 받을 만한 분[應供]들은 모두 많은 이름을 가진다. 정식의 이름 외에도 호(號)라든가 별명들을 많이 갖게 된다. 부처님도 10대 명호가 있지 않은가. 그러다가 대승불교에 이르러 수많은 부처님이 생기게 되자 신도들은 수많은 이름을 일일이 부르면서 귀의하고 절하게 된다. 관세음보살의 경우도 그러한 과정을 거쳐서 수많은 이명(異名)이 있게 되고 각각 다른 보살처럼 표상되고 신봉되기에 이른다.『성관자재보살일백팔명경(聖觀自在菩薩一百八名經)』(신수대장경, 1054) 등의 경전이 그렇게 해서 성립한 것이다.

천수행자는 이 모든 보살님 한 분 한 분에 대해서 일일이 귀의를 하나, 결코 피로해 하거나 싫어하는 기색이 없다. 쉼이 없는 귀의와 예경(禮敬)이 보살의 행원(行願)이기 때문이다. 이처럼 별귀의(別歸依)는 끝없는 귀의를 표명한 것이라고 할 수 있다.

대륜(大輪)보살은 여의륜(如意輪)보살과 같이 그 이름에 륜(輪, cakra)이 있다. 법륜(法輪)을 크게 굴리시는 설법자로서의 관세음보살을 표상하고 있는 이름이다. 만월(滿月)보살은 뒤에 나올 수월(水月)보살과 함께 달에 비유하여 부르는 이름이다. 만월보살은 관세음보살의 덕성과 권능이 보름달과 같이 원만하고 두루 통함[圓通]을 표상하고 있다. 관세음보살을 모신 전각을 원통전(圓通殿)이라 하는 것도 그러한 관음의 덕성을 높이 평가하기 때문이다.

관자재(觀自在)보살은 관세음보살의 많은 이명(異名) 중에서 가장 널리 불리는 이름이다. '관세음'의 산스크리트 원어는 아발로키테슈바라(Avalokiteśvara)이다. 이를 구마라집(鳩摩羅什, 343~413)삼장은 '관세음'으로, 현장(玄奘, 622~664)삼장은 '관자재(觀自在)'로 옮겼다. 전자의 번역을 구역(舊譯)이라 하고 후자의 번역을 신역(新譯)이라 한다. 애시당초 avalokitasvara(avalokita=

觀, svara=音)에서 avalokitaśvara를 거쳐서 avalokiteśvara로 음운변화 했다고 하므로, 전자의 번역이 보다 충실한 번역이라 할 수 있다. 관음기도를 할 때 "관자재보살, 관자재보살……"이라 하지 않고 "관세음보살, 관세음보살……"이라고 하고 있음에서 '관세음'이 더 널리 통용되었음을 알 수 있다. '관자재'나 '관세음'이나 중생의 괴로워하는 소리를 관찰하고 즉시에 해탈케 한다는 의미에서 마찬가지이지만 아마도 '관세음'이 보다 의타적(依他的)이고 싶은 중생들의 정서에 부합하기 때문이 아닐까 생각된다. '세상의 소리'가 관찰된다는, 그래서 곧 해탈될 것이라는 중생의 구체적 원망(願望)에 보다 잘 부합되기 때문인 것 같다.

대륜(大輪)보살이나 만월(滿月)보살과는 달리 정취(正趣)보살은 그에 대한 신앙의 자취를 분명히 알 수 있어서 보다 친근감을 느끼게 한다. 『삼국유사』의 '낙산이대성관음정취 조신(洛山二大聖觀音正趣 調信)'조(條)가 바로 그것이다. 신라의 구산선문 중 사굴산문을 세운 범일(梵日, 810~889)은 태화(太和)연간(827~835)에 당에 유학하였다. 선법을 전해받기 위해 중국 천하를 유행(遊行)하는 중에 명주 개국사에 이르니 왼쪽 귀가 없는 스님이 대중들의 말석에 앉아 있다가 말한다.

"나도 또한 스님의 고향 사람으로, 내 집은 명주(溟州)의 경계인 익령현(翼嶺縣) 덕기방(德耆坊)에 있습니다. 스님께서 훗날 돌아가시거든 꼭 내 집을 지어주십시오."

범일은 그렇게 하기로 약속하고 마조(馬祖, 709~788)의 법사인 염관제안(鹽官齊安, ?~?)에게 법을 받은 뒤 귀국, 사굴산문의 개조가 되었다. 귀국한 뒤 어느 날 꿈에 그 스님을 보았던 것이다.

"옛날 명주 개국사에서 스님의 승락을 얻었습니다. 그런데 어찌 이렇게 그 약속의 시행이 늦는 것입니까?"

범일은 이에 놀라 일어나 익령 경계에 가서 그가 사는 곳을 찾았다. 한 여인이 낙산 아래 마을에 살고 있었는데 마을 이름을 덕기라고 하였다. 그 여인에게 여덟 살 먹은 아들이 하나 있는데 항상 마을 남쪽 돌다리 가에 나가 놀았다. '나와 같이 노는 아이 중에 금빛이 나는 아이가 있습니다'라고 어머니에게 말하였다.

그 어머니로부터 이 이야기를 들은 범일은 아이와 함께 아이가 놀던 다리밑으로 달려가 보았다. 과연 물 속에 돌부처 하나가 있었다. 꺼내보았더니 과연 왼쪽 귀가 끊어져 있고 전에 중국에서 보았던 스님과 같은 것이 아닌가. 곧 정취(正趣)보살이었다고 『삼국유사』는 기록하고 있다. 관음의 주처인 낙산사의 창건연기(創建緣起)에 정취보살이 나오는 것은 정취보살이 즉, 관세음보살임을 나타내고 있고, 또 그 정취보살이 중국에서 범일을 만나서 '나도 또한 스님과 고향이 같다'고 했다는 것은 우리나라가 곧 관세음보살이 머무는 불연(佛緣)의 국토[新羅佛國土]임을 나타내 주고 있는 것이다.

보살의 얼굴

나무수월보살마하살(南無水月菩薩摩訶薩)

나무군다리보살마하살(南無軍茶利菩薩摩訶薩)
나무십일면보살마하살(南無十一面菩薩摩訶薩)
나무제대보살마하살(南無諸大菩薩摩訶薩)
나무수월보살마하살
나무군다리보살마하살
나무십일면보살마하살
나무제대보살마하살

"나이 마흔이 넘으면 자기 얼굴에 대하여 책임을 져야 한다"는 말이 있다. 참으로 무서운 말이 아닐 수 없다. 이 말은 대개 두 가지 의미로 해석된다. 첫째, 마흔이 넘으면 이제 더 이상 얼굴을 바꿀 수 없을 정도로 굳어진다는 이야기요, 둘째, 마흔이 넘어서도 자기 얼굴이 자비의 얼굴, 맑은 얼굴이 되지 못한다면 공부하는 사람이 아니라는 의미이기도 하겠다.

자기 얼굴을 '갈고 닦는' 일이 일부 여성들 사이에서는 거의 필수(?)가 되어버리기는 했지만, 얼굴 저 너머에 있는 마음에서 아름다움을 찾는 것이 예부터 우리 동양의 지혜였다. 그래서 부처님께서도 『금강경(金剛經)』에서 다음과 같이 말씀하고 있다.

모양[色]으로써 나를 보고자 하는 자
소리로써 나를 찾는 자
이들은 모두 삿된 길을 가는 것일 뿐
어찌 여래를 볼 수 있으리

약이색견아(若以色見我)
이음성구아(以音聲求我)

시인행사도(是人行邪道)
불능견여래(不能見如來)

　그러나 얼굴이 마음의 드러남이기에 마음의 드러남으로서의 얼굴은 또한 두려운 것이 아닐 수 없다. 마흔이 넘으면 부처님이나 보살님들과 같은 그런 얼굴이 되어야 하지 않겠는가. 마냥 온후와 자비가 넘실대는 그런 얼굴, 그래서 그런 우리 얼굴을 보는 사람들에게 저절로 보리마음[菩提心, bodhicitta]이 일어나게 되고 그들의 고뇌가 우리 얼굴을 보기만 해도 사라질 정도가 되어야 하지 않을까. 그렇게 맑고 밝은 얼굴을 가져야겠다. 그럴 때 우리는 보살이라는 이름에 걸맞으리라. 여러 위대하신 불, 보살님들께 귀의하는[南無諸大菩薩摩訶薩] 의의도 있는 것일 게다.
　그런데 세간에서 중생들을 깨우치고 인도하는 보살님들 얼굴이 마냥 사람좋은 무골호인의 넉넉한 웃음만을 지을 수 있을까? 그것이 문제다. 꽃다운 학생들이 산화(散花)해가고 정의를 위하여 자신을 내던질 때도 보살은 그저 웃기만 하겠는가. 같은 핏줄, 같은 이웃이 증오와 분노와 저주를 담아서 돌, 화염병, 최루탄, 쇠파이프를 교환하는 이 현실을 보고 계실 보살님의 얼굴이 마냥 어린아이와 같은 얼굴일까. 결코 그렇지는 않으리라. 또 그래서도 아니 될 것이다. 그때 보살의 얼굴은 연민의 얼굴과 함께 같이 분노하는 얼굴을 하게도 된다. 그러면서 그러한 연민과 분노가 모두 한 가지로 부처님의 얼굴임을 보여주고 있는 것이다.
　십일면보살(十一面菩薩)의 얼굴이 바로 그러한 얼굴이다. 앞쪽 3면은 자비의 얼굴, 왼쪽 3면은 분노의 얼굴, 오른쪽 3면은 백아(白牙)가 솟아나온 얼굴, 뒤쪽 1면은 크게 웃는 얼굴, 정상(頂

上)은 부처님의 얼굴이다. 자비, 분노, 그리고 큰 웃음 등이 전부 부처님의 얼굴이라는 것이다. 어떤 때에는 자비의 얼굴이 되고, 어떤 때에는 분노의 얼굴이 되고, 어떤 때에는 크게 한바탕 웃음으로 그 모두를 날려보내고 만다. 그러나 그 모두가 부처님의 얼굴인 것이다.

몇 해 전에 팔공산 은해사 거조암(居祖庵)에 간 일이 있었다. 거조암은 보조스님이 정혜결사운동을 처음으로 본격화한 도량이다. 그런데 그 거조암에는 오백의 나한들을 모신 영산전(靈山殿)이 있었다. 그 영산전에서 필자는 오백 나한의 얼굴을 한 분 한 분 들여다 보았다. 어느 한 분 똑같은 얼굴이 없으며 각각이다. 웃으시는 분, 찡그리시는 분, 화낸 듯한 표정들, 각양각색의 얼굴들을 보는 느낌이 그렇게 즐거울 수가 없었던 기억이 난다. 천차만별의 얼굴을 하고 계셨지만 그 모두가 나한이라는 점만은 마찬가지였다. 나한의 얼굴은 그렇게 다르게 나타나는 거였다.

다시 십일면보살로 돌아가서 한바탕 크게 웃으시는 얼굴의 의미는 무엇일까? 분노 그것 역시 공이라[色即是空]는 것을 보여주는 것이 아니겠는가. 공(空)에 입각하여 내는 분노와 증오는 중생제도의 선방편(善方便)이 될 때도 있지만 공에 입각하지 않은 분노와 증오는 그냥 그대로 중생의 행위 즉, 업(業)이 된다. 공에 입각한 분노와 증오는 결코 폭력을 수반하지 않지만, 공에 입각하지 않은 분노와 증오는 폭력이 불가피하고 비폭력이 불가능해진다.

공을 비판하는 것은 좋다. 공도 비판되어야 한다[空亦復空]. 그러나 유(有)나 색(色)의 입장에서 행해지는 비판은 아니된다. 진공묘유(眞空妙有)의 입장에서 행해지는 비판이어야 한다. 그렇지 않고 색이나 유의 입장에서 행해지는 것이라면 이미 종교로서의 불교가 갖는 자기정체성(自己正體性, self-identity)은 잃어버리게 될 것이다.

나무아미타불

나무본사아미타불(南無本師阿彌陀佛)
나무본사아미타불(南無本師阿彌陀佛)
나무본사아미타불(南無本師阿彌陀佛)
나무본사아미타불
나무본사아미타불
나무본사아미타불

이제 아미타부처님께 귀의함으로써 별귀의(別歸依)는 마치게 된다. 별귀의는 아미타부처님, 관세음보살님, 그리고 대세지보살님의 미타삼존(彌陀三尊)에 대한 귀의라고 할 수 있다. 그래서 이 별귀의는 정토사상의 입장에서 이해될 수 있을 것이라고 한 것이다.

아미타불을 본사(本師)라고 하는 것도 같은 맥락에서이다. 아침 저녁으로 예불할 때 염송하는 오분향례(五分香禮)에서는 '본사 석가모니불'이라고 하였는데 여기서는 '본사 아미타불'이라고 한다. 역사적인 입장에서는 석가모니불이 모든 불교도들의 본사이겠으나 신앙적 입장에서는 달라지게 마련이다. 정토신앙의 입장에서는 아미타불이 본사가 되는 것이다. 물론 이렇게 본사가 달라지는 데에는 성도문(聖道門, 부처님의 가르침 중에서 정토신앙을 설하는 가르침을 정토문이라 하고 여타의 가르침을 성도문이라고 한다)보다 정토문(淨土門)이 뛰어나다고 하는 교판론(敎判論)적인 입장이 개입되어 있는 것이다. 여기서 '교판론'은 어느 한 교설을 다른 교설들보다 우월한 것으로 평가하는 불교사상사적 입장을 말한다. 이와는 달리 한 교설과 다른 교설의 본질적 차이가 없다고 보고서 하나로 상통(相通)할 수 있다고 하는 입장을 '회통론(會通論)'이라고 부른다. 물론 이들은 불교사상사를 바라보는 눈의 틀[패러다임]이다. 필자는 불교사상사는 바로 이들 교판론과 회통론의 파노라마라고 생각한다.

나무본사아미타불, 우리 천수행자들이 이렇게 귀의할 뿐만 아니라 관세음보살도 이렇게 아미타부처님께 귀의한다. 관세음보살이 그 정상(頂上)에 언제나 화불(化佛)로서 아미타불을 모시고 있는 것도 바로 그러한 이유 때문이다.

아미타 부처님, 그는 서방의 극락세계에 계신다. 그곳은 죽어서 가는 곳이다. 임종을 맞기 전에 '나무아미타불'을 10번만 염하면 그 누구든지 왕생할 수 있도록 하겠다는 서원을 세우고, 그 서원이 이루어져서 성불하신 것이다. 아미타부처님이 인행시(因行時)에 세운 48대원(大願) 중에서 십념왕생원(十念往生願)이 바로 그것이다.

정토와 미타, 이는 '지금, 여기서'가 아니다. 시간과 공간을 우리와는 달리하고 있는 것이다. 미래에, 내세에 행복되게 잘 사는 것도 중요하지만 '지금, 여기서'의 괴로움을 벗어나서 지극한 기쁨[極樂]을 얻고자 하는 원망(願望)을 중생들은 그 누구나 갖고 있는 것이다. 내세의 약속만 바라보면서 현재의 괴로움을 망각하고 현재의 문제를 외면하고 살아야 할 것인가? 만약 그렇다고 한다면 정토신앙은 현실도피적이라는 비난을 면치 못할 것이다.

이러한 모순에 대한 해결책은 크게 두 가지 방향에서 제시되고 있다. 첫째, 관세음보살에 대한 신앙이다. 여기 별귀의(別歸依)에서와 같이 관세음보살이 아미타부처님의 보처보살(補處菩薩)로 등장한다. 아미타부처님을 대신하여 사바세계에 와서 중생들의 괴로워하는 소리를 관(觀)하시고 현재 그 자리에서 해탈해주시는 보살이다. 이러한 점이 크게 어필하여 관음신앙은 미타신앙과 분리돼 독자적으로 발달하기에 이른다.

둘째, 아미타부처님이나 극락세계가 죽어서 가는 다른 땅[他土]이 아니라 우리 마음 속에 있다는 것이다. 일전에 모(某) 일간신문이 주최한 법정(法頂)스님과 박홍(朴弘, 서강대 총장)신부의 대담에서 박홍 신부가 기독교의 원죄를 '죄의 뿌리로서 인간의 마음 속에 있는 악'이라고 정의하는 것을 보고 필자는 신선한 느낌을 받았다. 지금까지 들어왔던 원죄 개념과는 판이하게 달랐기 때문이었다. 차라리 박홍 신부의 원죄 개념은 실재론(實在論)적 정의가 아니라 유명론(唯名論)적 정의에 가까운 것으로 보인다. 그렇게 되면 그것은 법정스님의 말씀처럼 바로 불교의 무명(無明)과 통한다. 그러나 과연 그러한 유명론적 이해가 기독교 자체에서 얼마나 공인받고 있는지는 의문이다.

아미타부처님이나 극락세계에 대한 이해에 있어서도 시간과 공간적으로 지금 여기가 아닌 죽어서 가는 타토(他土)와 부처님이라는 정의는 실재론적이라고 할 수 있다. 전통적인 정토교의 입장이 바로 이것이다. 그러나 지금 여기서 우리 마음이 청정해지면, 그래서 무심(無心)해지면 곧 스스로 아미타부처님이고 바로 정토라고 하는 입장은 유명론적 이해라고 할 수 있다. 이러한 유명론적 입장에서 자성미타(自性彌陀)와 유심정토(唯心淨土)를 강력히 주장하게 된다. 이는 일반적으로 선가(禪家)의 정토관이라고 할 수 있다.

고려말 나옹(懶翁, 1320~1376)선사는 그의 누이를 위하여 오늘날 「장엄염불(莊嚴念佛)」 속에 편입되어 회자되고 있는 다음과 같은 유명한 게송을 지어주었다고 하는데, 바로 자성미타를 말하고 있는 것이다.

아미타부처님, 어느 곳에 계실까
마음 속에 깊이 새겨 잊지 않아서
생각 생각 지극하여 저절로 아무 생각이 없을 때
여섯 가지 감각기관이 빛을 내뿜으리

아미타불재하방(阿彌陀佛在何方)
착득심두절막망(着得心頭切莫忘)
염도염궁무념처(念到念窮無念處)
육문상방자금광(六門常放紫金光)

'나무아미타불'에도 이렇듯 두 차원이 있다. 전통적인 정토문에서 실재론적 정토관을 따르는 것과는 달리, 선가(禪家)에서는 유명론적 정토관을 내세워 정토신앙을 선 속에 포섭코자 하였다. 이른바 유심정토(唯心淨土) 자성미타(自性彌陀)를 주장하는 것이다.
 이 중 어느 입장을 따를 것인지는 각자의 근기에 따를 것이지, 어느 것이 옳고 어느 것이 그르다고 하기에는 많은 무리가 따른다. 또 그 어느 한쪽을 고집할 때 어느덧 교판론의 입장을 취하는 것이 된다. 교판론에서는 나와 남, 정통과 이단을 구별한다. 그와는 반대로 한쪽의 입장을 따르지 않고서 양자 사이에는 뭔가 상통(相通)하는 점이 있다고 보는 입장도 있다. 바로 회통론의 입장이다. 필자는 회통론의 입장을 취하며 그것을 옹호하고자 한다.『천수경』의 경우에도 회통론의 입장을 취하고 있음은 앞서 여러 번 이야기 하였다.

5. 다라니

비밀(秘密)인 까닭에

신묘장구대다라니(神妙章句大陀羅尼)
　나모라 다나다라 야야 나막알야 바로기제 새바라야 모지 사다바야 마하 사다바야 마하가로 니가야 옴 살바 바예수 다라나 가라야 다사명 나막까리 다바 이맘알야 바로기제 새바라 다바 이라간타 나막하리나야 마발다 이사미 살발타 사다남 수반아예염 살바 보다남 바바마라 미수다감 다냐타 옴 아로게 아로가 마지로가 지가란제 혜혜하례 마하모지 사다바 사마라 사마라 하리나야 구로구로 갈마 사다야 사다야 도로도로 미연제 마하미연제 다라다라 다린나례 새바라 자라자라 마라 미마라 아마라 몰제예 혜혜로게 새바라 라아 미사미 나사야 나베 사미사미 나사야 모하자라 미사미 나사야 호로호로 마라호로 하례 바나마 나바 사라사라 시리시리 소로소로 못쟈못쟈 모다야 모다야 매다리야 니라간타 가마사 날사남 바라 하라나야 마낙 사바하 싯다야 사바하 마하 싯다야 사바하 싯다 유예 새바라야 사바하 니라간타야 사바하 바라하 목카싱하 목카야 사바하 바나마 하따야 사바하 자가라 욕다야 사바하 상카섭나네 모다나야 사바하 마하라 구타다라야 사바하 바마사간타 이사시체다 가릿나 이나야 사바하 마가랴 잘마 이바 사나야 사바하
　"나모라 다나다라 야야 나막알야 바로기제 새바라야 사바하"(3번)

다라니는 번역하지 않는다. 예로부터 번역하지 않고 지송되고 있을 뿐이다. 그런데 근래에 들어서 산스크리트어를 통해서 그 의미를 해석해보고자 하는 경우가 있다. 『천수경』의 관세음보살이 힌두교의 시바(Śiva)신과 비쉬누(Viṣṇu)신의 혼합을 상징한 것이라는 로케쉬 찬드라(Lokesh Chandra)교수의 연구가 그 좋은 예이다. 물론 그러한 일은 학문적 차원에서는 뜻있는 일이 되는지 모르겠다.

그러나 신앙적 입장에 서고자 하는 우리들의 이야기에서는 예부터의 법도대로 다라니를 해석하지 않기로 한다. 중국의 역경 삼장들은 인도의 산스크리트어 술어에 의미를 취하여 번역하지 않고 그대로 음사하는 경우를 다섯 가지로 들고 있다. 이른바 오종불번(五種不飜)이 그것이다. 첫째, 그 의미가 미묘하고 깊어서 생각할 수 없는 비밀어(秘密語). 둘째, 그 의미가 다양한 말. 셋째, 중국에 없는 사물의 이름. 넷째, 예로부터 흔히 음사를 하여서 여러 사람이 익히 알아들을 수 있는 말. 다섯째, 번역하고 나면 그 뜻이 가벼워지는 말 등이다. 이 중에 다라니를 번역하지 않는 것은 첫째 '비밀고(秘密故)'의 경우이다. 비밀이기 때문이라는 것이다.

물론 '비밀'이라고 하지만 그것은 남에게 숨기는 따위의 비밀이 아니다. 숨기는 것이 하나도 없는 것이 불교다. 어느 누구나 와서 보고 듣고 깨달을 수 있다. 불교는 기술(技術)이 아니라 도(道)이기에. 기술은 소유(所有, to have)이므로 서로 감춘다. 그러나 도는 존재(存在, to be)이므로 어느 누구의 것도 아니고 아무런 사(私)도 없다. 지공무사(至公無私)이다. 듣지 않으려고 해도 때로는 쫓아다니면서 가르쳐주려고 한다. 다만 깨달음을 체험하는 것은 개별적이라는 사실을 지적하는 말이고 언어로써 남에게 전해줄 수 없을 뿐이라는 것이다. 그래서 비밀은 '신비'라고도 불린다.

왜 다라니는 번역하지 않을까? 그 깊은 뜻을 조금이나마 헤아려본다. 다라니를 번역하지 않는 이유 이전에 먼저 질문되어야 할 물음이 있다. 왜 '다라니'라는 형식으로 설해야 했을까? 대답은 간단하다. 애초에 설하는 사람이 말할 수 없었기 때문이다. 설하는 사람도 말할 수 없어서 다라니의 형식으로 설했는데 어찌 번역하는 사람이 그 의미를 다 번역할 수 있단 말인가? 의미 있는 언어로 설할 수가 있었다면 결코 다라니로 설했을 리가 없는 것이다.

불교에 있어서 결코 포기될 수 없는 첫째의 진리는 '깨달음은 말로 할 수 없다'는 것이다. 언어도단(言語道斷)과 불립문자(不立文字)가 그것을 의미하는 것이다. 깨달음은 언어에 의해서 얻을 수도 없거니와 언어를 통해서 전달할 수도 없다. 그러나 어떻게든지 말로 할 수 없는 이 깨달음을 나타내지 않으면 안 된다. 그렇지 않으면 그저 소승으로 끝날 수밖에 없으며 중생제도는 영원히 불가능하게 된다. 그렇다고 해서 노파심으로 낙초담(落草談, 진리 그 자체의 입장에 서지 아니하고 한 걸음 내려와서 하는 이야기로 學人의 눈을 멀게 할 가능성이 있다고 해서 禪家에서는 터부시함)을 너절하게 하고 있을 수는 없는 것이다. 그래서 다른 방법이 강구된다. 의미 없는 언어를 통하여 의미를 드러내려고 하는 것이다.

선가에 전해내려 오는 '염화미소'와 같은 격 밖[格外]의 거량(擧揚)이나 화두에서 보이는 동문서답이나 그리고 밀교에서 깨달음을 그림으로 나타내는 만다라 등이 바로 의미 없는 언어의 예들이다. '다라니' 역시 의미 없는 언어라고 할 수 있다. 그러나 그러면서도 그것들은 각기 언어적 기능을 한다고 보아야 한다. 비록 깨닫지 못한 자는 알 수 없으나 그를 통해 깨달음을 얻을 수 있을 것이기 때문이다. 부처와 똑같은 차원으로 올라서서 깨달음을 얻게 되면 스스로 고개를 끄덕이리라. 그때에도 다시 전할 수는 없지만. 그것이 진리, 깨달음의 속성이다.

선밀일치(禪密一致)

비록 언어적인 번역이 가능하다 하더라도 그 번역이 다라니의 참뜻을 다 드러낼 수 없다고 한다면 다라니를 수지, 독송하는 까닭이 어디에 있겠는가? 천수다라니를 수지, 독송하는 것이 도대체 어디에 좋단 말인가? 어디에 좋다고 해야만 설득당하는 요즘 사람들의 공리주의(功利主義)를 생각하면 이러한 의문은 충분히 예상될 수 있는 것이다.

물론 다라니가 '비밀'이고 '신비'라고 하는 것은 호오(好惡), 시비, 선악 등 상대적 가치가 끊어졌다는 뜻이다. 우리는 앞에서 다라니를 지송할 때 얻게 되는 부차적인 효과로서 15종의 선생(善生)과 15종의 불악사(不惡死)를 제시하긴 했으나 본래적인 의미에서는 불사선불사악(不思善不思惡)이다. 아무리 많은 성인이 오더라도 여기에 이르면 입을 벽에 걸어놓을 수밖에 없다. 아무런 말도 할 수 없는 것이다.

그런 의미에서 필자는 다라니의 기능이 화두(話頭)의 기능과 동일하다고 본다. 화두는 문제이다. 그러나 수학문제와 같은 답을 숨겨놓고 있는 문제라고 볼 수 없다. 만약 수학문제와 같이 답이 있는 문제거리(aporia)라고 한다면 화두를 타파하고 제시하는 선사들의 답이 전부 동일해야 할 것이고 또 명시적(明示的, 긍정적)이어야 할 것이다. 그러나 결코 그렇지 않다. 그 답들은 비일상적(非日常的)이고 부정적이며 또 각양각색의 동문서답들이다. 따라서 우리는 화두가 수학문제와 같은 문제로서의 언어적 기능을 하는 것으로 볼 수 없게 된다. 화두를 중심으로 한 선문(禪門)의 염송(拈頌, 옛 조사스님의 화두에 대하여 평하고 또 게송을 덧붙이는 것을 말함)은 그저 염송이며 살활(殺活)이 자재한 선사들의 법거량(法擧揚)일 뿐이다.

다라니를 번역하지 않는 까닭도 그것이 선에서 화두가 차지하는 위상과 다르지 않기 때문이다. 누가 화두를 해석할 수 있단 말인가? 그것은 알음알이[知解]에 지나지 않으며 금기(禁忌)이다. 옛스님이 말하지 않았는가. "스님의 도가 높은 것을 존경하고 감사하는 것이 아니라 설해주시지 않았음을 감사한다"고. 다라니는 절대로 해석될 수 없다. '무슨 말일까'라는 호기심이 도를 막는 장애이다. 다라니가 해석된다면 해석된 그 의미만 있을 뿐, 그때 이미 다라니는 총지(總持)임을 멈춘다. 그렇다면 과연 다라니의 쓰임은 어디에 있는 것일까?

여기서 우리는 화두의 쓰임은 무엇인지 생각해보자. 화두의 기능에 대한 선사들의 수시법문(垂示法門, 선 수행의 방법 등을 설명해주는 법문, 상당법어나 격외법담과 그 성격상 구별된다) 중에서 가장 적확한 정의라고 생각되는 것은 보조스님의 말씀이라고 본다. 보조스님은 중국에서 화두선[看話禪]을 수입, 널리 선양한 장본인으로서 송나라의 대혜종고(大慧宗杲, 1088~1163)의 저술을 기본으로 『간화결의론(看話決疑論)』을 지었다. 거기에서 보조스님은 조주(趙州, 778~897)의 '無'字와 같은 화두는 "올바르지 못한 지해를 깨뜨리는 도구[破惡知惡解底器仗也]"라고 하였던 것이다. 화두의 도구적 의미를 역설한 것이다.

화두는 스스로 그 답을 숨기고 있는 것이 아니라 화두를 간(看)함으로써 어느덧 올바르지 못한 지해(知解), 번뇌망상 등이 저절로 소멸된다는 것이다. 그래서 예로부터 화두를 간(看)하는 것은 장군이 큰 칼을 빼들고 마당에 서 있어서 감히 좀도둑이 얼씬거리지 못하는 것과 마찬가지라고 하였다. 그래서 마음이 고요해지고 고요해지면 맑아지고 맑아지면 밝아지고 밝아지면 통하게 된다는 것이다. 밝아진 마음의 거울에는 중국 사람이 오면 중국 사람을 비추게 되고 미국 사람이 오면 미국 사람이 나타나게 된다. 지혜의 묘용(妙用)이 끝없이 이어지게 된다.

화두를 깨치고 나면 견성(見性)이라고 인가(印可)하는 것도 수행자가 실재하는 숨어 있는 답을 찾아냈다고 하는 증명이 아니라 화두를 간하는 동안 수행자의 마음이 맑아지고 밝아지고 통해졌다는 의미에서의 인가이다. 깨달은 자는 그때에 한 마디 이른다. 이른바 오도송(悟道頌)이 그것이다. 그러나 그것도 화두에 대한 모범답안이 아니라 더욱더 의심을 가중시키는 새로운 문제일 뿐이다. 화두에 답이 있다고 보면 우리의 화두관(話頭觀)은 실재론적이라고 볼 수 있다. 그러나 우리의 이해와 같이 본다면 우리의 화두관을 유명론적이라고 할 수 있으리라. 초기불교 이래 선에 이르기까지 불교의 정통적인 사고 유형은 유명론에 기초하고 있음은 두말할 나위 없다.

다라니 역시 화두와 마찬가지로 도구적 기능을 하고 있는 것으로 생각된다. 법문은 달라도 쓰임의 의미는 동일한 것이다. 다라니가 주술적 기능을 하는 것이라고 생각해서는 결코 아니된다. 설사 주술적 기능이 있더라도 그러한 것은 부차적일 뿐이다. 우리가 일심(一心)으로 다라니를 지송하면 어느덧 사악한 지혜나 번뇌망상이 사라지게 된다. 이를 업장소멸이라고 한다.

조선시대의 나월당 고옹(蘿月堂孤翁)스님은 그의 『절요서(節要序)』(1681, 운흥사 판)에서 밀교는 봄, 교는 여름, 율은 가을, 그리고 선은 겨울에 비유하면서 이들을 함께 닦아야 한다고 하였다. 화두와 다라니의 도구적 의미를 생각해보면 선과 밀교의 함께 닦음[禪密兼修]도 쉽게 이해할 수 있으리라. 이를 선과 밀의 하나됨[禪密一致]이라고 하며 회통불교인 한국불교의 한 특징으로 꼽는다. 근세의 선지식인 수월(水月)스님이나 용성(龍城)스님이 선사이면서도 모두 천수다라니를 지송하여 견처(見處)를 얻었던 것도 바로 그러한 선밀일치(禪密一致)의 가풍을 나타내주고 있는 것이다. 선과 밀교, 화두와 다라니는 둘이 아니다.

6. 찬탄(讚歎)

금상첨화(錦上添花)

> **사방찬(四方讚)**
> 일쇄동방결도량(一灑東方潔道場)
> 이쇄남방득청량(二灑南方得淸凉)
> 삼쇄서방구정토(三灑西方俱淨土)
> 사쇄북방영안강(四灑北方永安康)
> **사방찬**(제목 읽지 않음)
> 동쪽은 맑은도량 물뿌리며
> 남쪽은 청량국토 물뿌리고
> 서쪽은 정토세계 물뿌리며
> 북쪽은 안락국토 물뿌리네

이제『천수경』의 핵심인 '천수다라니' 이야기를 마친다. 찬탄으로 넘어가기 전에 천수다라니의 독송에 대해 한 마디 덧붙이기로 한다. 현재 대부분의 불자들은『천수경』의 처음 즉, 정구업진언부터 시작해서 천수다라니를 외우고 있다. 물론 그것도 좋다.

그러나 '천수다라니' 그 자체를 지송(持誦)하는 것으로 수행을 삼고자 할 때는 현교(顯敎)적인 부분들은 생략하고 다라니만을 외우는 것도 좋으리라 생각된다. 실제로 천수다라니만을 지송하고 있는 큰스님들의 경우를 살펴볼 때 천수다라니를 반복해서 외우고 있다. '신묘장구대다라니'만 수도 없이 반복해서 외우는 것으로 수행을 삼고 있는 것이다.

재가 불자의 경우 아침에 일어나서 향 하나를 피워놓고 정구업진언부터 개법장진언의 개경(開經)을 외우고 나서 곧 천수다라니를 자기의 원력과 형편에 따라서 외운다. 그리고 사홍서원과 삼귀의로 마치는 것이 좋다고 생각된다.

그리고 출퇴근시의 차 안에서 입속으로 천수다라니를 외워보자. 처음에는 중간중간에 끊어질 것이다. 그러나 끊어진 곳을 연결하면서 계속하노라면 끊어지지 않고 이어지는 때가 있을 것이다. 이것을 동중공부(動中工夫)라고 한다.

이제 찬탄으로 넘어가자. 지금부터는 '준제다라니'를 중심으로 『천수경』이 구성, 전개된다. 찬탄의 첫번째는 사방찬(四方讚)이다. 동서남북 사방에 대해서 찬탄하는 것이다. 원래 인도에는 방위를 향하여 찬탄하고 예배하는 풍습이 있었다. 그들은 동서남북 상하에 대해서 찬탄하고 예배하였다. 이러한 그들의 막연한 공간예배를 부처님은 환골탈태시키고 있다. 『육방예경(六方禮經)』에서 동은 부모, 남은 스승, 서는 아내, 북은 친척, 아래는 노비, 위는 사문이나 바라문이라고 한 것이 그것이다.

사방찬도 이러한 사고방식의 변형이라고 할 수 있다. 다만 이 사방찬은 인간관계를 주제로 한 것이 아니라 글자 그대로 온 우주가 이미 극락세계라는 점을 찬탄하는 것이다. 다시 말하면 극락찬탄[현실찬탄]인 것이다. 서쪽의 정토는 말할 것도 없고 청량(清凉)은 청정(清淨)과 같은 의미에서, 또 안강(安康)은 안락(安樂), 안양(安養)과 같은 의미에서 모두 극락을 말하는 것이라해도 틀리지 않을 것이다. 그리고 도량(道場) 역시 『유마경』에서 '직심(直心)이 도량이다'라고 하여 유심정토(唯心淨土)를 말하는 것처럼 극락이라고 할 수 있다. 동쪽에도 극락, 서쪽에도 극락, 남쪽에도 극락, 북쪽에도 극락이다. 사방이 온통 불국토이다. 온 우주가 그대로 극락세계이다.

문앞이 그대로 극락이니
봄이 오면 풀이 저절로 푸르네

문전적광토(門前寂光土)
춘래초자청(春來草自靑)

만약 아직은 사방이 극락이 아니라고 한다면 어찌 찬탄할 수 있단 말인가? 우리의 '물 뿌리는' 행위에 의해서 극락이 될 것이라고 생각하여 가정법 내지 조건법의 차원에서 미리 찬탄하는 것은 결코 아니다.

여기서 '물 뿌리는'[灑] 행위는 보살행을 가리킨다. 그러나 부처가 되기 전의 보살행이 아니다. '물 뿌리는' 보살행을 통하여 사방이 비로소 극락세계로 되는 것이 아니라 이미 되어 있는 불국토를 '물 뿌리는' 보살의 행위로 말미암아서 더욱 아름답게 장엄(莊嚴)하는 것이다. 꽃을 수놓아서 비단이 되는 것이 아니다. 원래 비단인 것을 더 아름답게 하려고 꽃을 수놓는 것이다. 이것이 불화엄(佛華嚴)이며 선(禪)의 돈오점수(頓悟漸修)와 화엄(華嚴)의 돈오원수(頓悟圓修)의 세계이다.

불화엄, 돈오점수[돈오원수]의 차원에서 생각할 때 그것들은 바로 자비행의 실천이다. 따라서 '물 뿌리는' 행위는 자비의 행위가 된다. 깨달음이 자비로 나아가지 않으면 적정속에 갇혀서 소승이 되기 쉽다. 그러한 위험은 자비 실천의 원력으로 벗어나야 한다. 이렇게 볼 때 『천수경』에서 제시되는 자비의 메시지는 바로 선과 화엄의 하나됨[禪嚴一致] 속에서 행해지는 자비의 실천과 전적으로 궤(軌)를 같이 한다고 보아 좋을 것이다.

부처가 되어서 행하는 이러한 '물 뿌리는' 행위[보살행]는 너와 나, 선과 악의 대립을 떠난 공(空, 無心)의 차원에서 행해지는 이타행(利他行)이다. 어디에고 머무르는 바 없이 집착함이 없이[無住相] 우러나는 보시이다. 『십우도(十牛圖)』를 빌어서 설명하자면 제10도 입전수수의 보살행이다. 깨달은 자의 자비행(慈悲行)이다. 그것은 현실세계를 그대로 정토세계로 만드는 일이 아니고 무엇이겠는가. 이러한 입장의 정토관을 원효(元曉, 617~686)스님과 보조스님은 법성정토설(法性淨土說)이라 부르고 있다.

도량이 청정해야

도량찬(道場讚)
도량청정무하예(道場淸淨無瑕穢)
삼보천룡강차지(三寶天龍降此地)
아금지송묘진언(我今持誦妙眞言)
원사자비밀가호(願賜慈悲密加護)

도량찬(제목 읽지 않음)
도량이　　청정하여　티끌없어야
삼보와　　천룡들이　함께하시며
저희이제　묘한진언　지송하오면
자비로써　비밀히　　가호하시네

앞의 사방찬과 이 도량찬은 '찬탄'이다. 도량을 찬탄하는 것이 도량찬이다. 흔히 절을 도량이라고 한다. 절에는 불, 법, 승 삼보가 계시고 천, 룡 등의 팔부신중(八部神衆)을 비롯한 수많은 화엄의 성중(聖衆)들이 함께 계신다. 우리는 이 분들을 상(像)이나 그림으로 조성하여 봉안하고 있다. 그리고 그 앞에서 경건히 예배드린다.

그런데 여기에도 문제는 있다. 거룩하신 부처님과 천, 룡 등 호법(護法)의 선신중(善神衆)들이 그 도량에 지금 계시지 않고 있다면, 그래서 우리의 고뇌하는 소리를 관찰[觀世音]하지 못하신다면 우리가 그 앞에서 드리는 기도는 공염불이 되고 말리라. 마치 메아리 없는 외침과 같이. 그래서 자비로써 내려주시는 비밀한 가호도 기대하지 못하리라. 밀가호(密加護, 冥熏加被力)이기에 비록 겉으로 보이는 주고받음이 아니라 하더라도 생활 속에서라도 증험(證驗)되는 바가 있이야 마땅할 것이다. 그런데도 우리의 생활 속에서 증험되는 바가 없다고 한다면 이를 어떻게 이해해야 할 것인가?

실로 이는 대단히 중대한 문제이다. 기독교 신학에서도 바로 이 문제 때문에 신의 존재를 증명하려는 줄기찬 시도를 중세 천 년 동안 벌였던 것이다. 오늘날의 대승불교 역시 마찬가지 문제를 안고 있다. 불자들 중에는 바로 이같은 이유 때문에 '내가 그렇게 공을 들이고 시주도 많이 하고 했는데 이렇게 되다니…'라고 하면서 다른 종교로 개종하는 경우도 있다고 한다. 보다 더 많은 복을 준다고 하는 선전에 따라서. 그들은 그 책임을 삼보와 천룡 등의 신중들에게 떠넘긴다. 과연 그 책임은 나에게가 아니라 부처님에게 있는가?

도량찬은 바로 이같은 문제에 대해서 대답하고 있다. 도량이 청정해야 삼보와 천룡이 현재(現在, 臨在)하여 자비로써 비밀히 가호해 주신다고 하였다. 바꾸어 말하면 자비로써 비밀히 가호해주심을 받지 못한 경우에는 도량이 청정하지 못해서 삼보와 천룡 등의 선신중이 계시지 않기 때문이라는 것이다. 결국 문제는 도량이 청정하느냐에 달려 있다.

도량이 청정해야 한다. 절이 깨끗해야 하고 우리가 사는 가정과 직장과 사회 그리고 세계가 깨끗해야 한다는 것이다. 쓰레기가 더미더미 쌓여 있고 물과 공기는 오염되고 생태계는 파괴되고 자연[依報, 道場]은 황폐화된다고 한다면 어찌 이를 도량의 청정이라 하겠는가? 오늘날 우리의 도량[자연]은 극심하게 훼손되고 있다. 물고기가 먹지 못하는 물은 인간도 먹지 못한다. 불교의 윤리학은 오래 전부터 도량으로서의 자연 그 자체가 생명체임을 말했다. 생명체로서 자연도 성불하고 자연도 부처님처럼 설법하고 있는 것이다. 이것이 생태계중심 윤리학이다. 인간의 생존을 위해서라도 인간은 자연의 지배자가 아니라 자연의 친구가 되야 한다. 자연의 변호사가 되어야 한다. 그러므로 도량의 청정을 강조하는 것은 의보로서의 기세간(器世間, 자연)의 정화(淨化)가 불국토를 청정히 하는 것[華嚴]이라는 점을 밝혀주고 있다. 이것이 도량청정의 첫째 의미이다.

 도량이 의보로서의 기세간임은 물론이지만 그것만이 도량의 전체적 의미인 것은 아니다. 앞에서도 살핀 바와 같이 직심이 도량 [直心是道場]이라는 것은 『유마경』의 말씀이다. 직심이 도량이니 우리 마음의 청정이 도량의 청정이며 그때 삼보와 천룡등의 가호를 입게 된다는 것이다. 우리의 마음이 청정하다는 것은 다시 무엇인가? 이에 대해서는 예로부터 『대승기신론』의 설명이 모범답안으로 제시되어 있다.

 그리고 마지막으로 이 도량찬의 구조를 살필 때 '진언의 지송' 역시 '도량의 청정'과 함께 자비의 가호를 내리게 하는 동인(動因)이 될 수 있는 것이다.

 『대승기신론』은 "직심(直心)은 진여(眞如)를 올바로 염하는 것"이라고 하였다. 주지하는 바와 같이 진여는 바로 하나인 마음 [一心]이다. 따라서 시비, 선악, 호오 등의 둘로 나누어지기 전의 하나인 마음을 늘 유지해 가는 것이 바로 도량의 정화이며 제일가는 정진이다. 『대승기신론』의 이 부분은 바로 보살의 발심에 대해서 설하고 있다. 발심(發心, 發菩提心), 그것은 직심을 일으키는 것이고 그것이 도량청정의 둘째 의미이다.

 불보살로부터 가호를 입고 싶은가? 먼저 자연의 도량과 직심의 도량을 함께 잘 가꾸어라. 스스로가 스스로를 돕지 않는데 어찌 불보살인들 도울 수 있으랴.

7. 참회(懺悔)

참회와 용서, 그리고 화합

참회게(懺悔偈)
아석소조제악업(我昔所造諸惡業)
개유무시탐진치(皆由無始貪瞋癡)
종신구의지소생(從身口意之所生)
일체아금개참회(一切我今皆懺悔)

참회게(제목 읽지 않음)
이제까지 지어온 　모든악업들
뿌리없는 탐진치로 말미암아서
몸과입　 뜻으로　 지었사오나
그모든것 이제라도 참회합니다

　'종교적 동물'(Homo Religiosus)로서의 인간을 나타내는 징표는 무엇일까? 양심을 갖고 있다는 점이다. 그러면 양심이란 또 무엇이란 말인가? 겸손한 마음이다.
　자기는 잘 났으며 잘 살고 있으며 아무런 잘못도 없다고 생각하는 사람들은 겸손해지지 않는다. 이렇게 쓰는 마음을 '고심(高心)'이라고 한다. 이러한 고심은 흔히 '인생 우등생' 중에서 볼 수 있다. 남에게 불편을 준다.

그와 반대로 자기는 못 났으며 잘 살지 못하고 있으며 늘 잘못만 저지르고 산다는 사람은 겸손하다. 이렇게 쓰는 마음을 '하심(下心)'이라고 한다. 불교는 늘 하심을 강조한다. "하심하는 사람에게는 온갖 복이 저절로 돌아온다[凡有下心者 萬福自歸依]"라고 하는 것이다. 스스로 하심이 되어 있는 사람은 달리 말하면 늘 자기 마음의 움직임을 성찰하고 있는 사람은 다른 이웃들에 대한 정죄나 비난에 용감하지 않다. 늘 자기의 허물이 남의 허물보다 크기 때문이다. 이러한 사람을 우리는 '종교인'이라고 할 수 있으리라.

보살은 늘 참회하는 사람이다. 참회의 삶을 산다. 참회하는 곳에서 스스로를 위한 정진이 있으며 남에게는 자비가 베풀어진다. "나 역시도 저렇게 악업을 지은 일이 있지 않은가. 비록 몸으로 옮기지는 않았지만 뜻으로 지은 바는 있지 않은가. 그럴진대 다른 사람이 한 번 악업을 지었다고 해서 어찌 단죄할 수 있단 말인가. 스스로 참회한다면 새출발할 수 있도록 자비를 베풀어야 하지 않겠는가."

스스로 참회하는 사람은 다른 사람의 참회도 쉽게 받아들인다. 『보살계』에서 "다른 사람의 참회를 받지 않음은 계를 범한 것이 된다[瞋不受悔]"고 한 것도 언제나 스스로 참회의 생활을 해 나가라는 가르침으로 볼 수 있는 것이다. 특히 원효스님은 이 계를 대승의 사바라이(四波羅夷) 중 하나로 크게 중요시했다. 교리적인 다툼을 해소하고 그들 속에서 하나됨을 발견하는 '화쟁(和諍)'을 평생의 이념으로 삼았던 원효스님의 경우 스스로는 참회를 하고 남에게는 용서를 베푸는 일이야말로 화합을 이루기 위한 최선의 길임을 인식하였기 때문일 것이다. 그런 까닭에 자기를 칭찬하고 남을 훼방하는 것을 경계하기도 했다[不自讚毀他戒].

이제 오늘 우리가 독송하는 '참회게'를 구체적으로 살펴보자. 이 게의 출전은 『화엄경』이다. 40권본 화엄경은 선재(善財)동자의 구법(求法)을 통하여 보살의 삶과 보살의 배움을 널리 설하고 있는 경전으로서 그 마지막을 보현(普賢)보살의 실천적 화엄사상이 장식하고 있다. 이 부분을 우리는 『보현행원품』이라고 부른다. 보현보살의 열 가지 서원을 설한 뒤 경전의 요지를 게송으로 읊은 중송(重頌) 부분에 이 '참회게'가 설해지고 있다. 업장을 참회하고자 함[懺除業障願]은 보현보살의 네번째 원이다. 따라서 우리는 '참회게'를 화엄의 관점에서 이해하는 것이 가장 올바른 이해라고 하겠다.

업장을 참회한다는 것은 무엇인가? 비롯함이 없는 과거세부터 탐, 진, 치로 말미암아 몸과 입과 뜻으로 지은 여러 업이 한량 없으며 만약 이러한 악업들이 모양이 있었다면 허공을 다 채우고도 남았을 것임을 스스로 반성하여 다음과 같이 모든 부처님과 보살님들 앞에서 발원하는 것이다.

> 제가 이제 모든 삼업(三業)을 청정히 하며
> 온누리에 두루하시는 모든 불보살님 앞에
> 정성스런 마음으로 참회하옵나니
> 앞으로 다시는 짓지 아니하고
> 항상 청정한 계[淨戒]에 머물겠습니다.

이렇게 참회하는 보살의 참회행(懺悔行)도 끝이 없다. 비록 스스로의 허물을 참회하는 것이라고 하더라도 중생계가 다하고 중생의 업이 다하고 중생의 번뇌가 다할 수 없으므로 보살의 참회 역시 끝이 없다. 중생이 있으므로 보살에게는 참회할 것이 있게 된다. 이것이 대승의 참회이다.

그 다음 여기서의 참회는 이참(理懺)이 아니라 사참(事懺)이다. '존재의 차원'에서 행하는 참회가 아니라 '현실의 차원'에서 행하는 참회이다. 이치로 하는 참회가 아니라 행동으로 하는 참회이다. 보현의 행원이 관념적 차원에서의 보살행이 아니라 구체적 실천을 강조하는 것이기 때문에 후술할 바와 같은 이참의 형식이 아니라 사참을 설하고 있는 것이다. 이참에 앞서 먼저 사참을 해야 한다는 것으로도 이해할 수 있을 것같다.

스스로 참회하고 남을 용서하자, 그리고 다시 모두가 화합하자. 이 말씀은 오늘의 한국불교계를 살아가는 우리들에게는 또 얼마나 간절한가.

예참(禮懺)

참제업장십이존불(懺除業障十二尊佛)
나무참제업장보승장불(南無懺除業障寶勝藏佛)
보광왕화렴조불(寶光王火炎照佛)
일체향화자재력왕불(一切香火自在力王佛)
백억항하사결정불(百億恒河沙決定佛)
진위덕불(振威德佛)

금강견강소복괴산불(金剛堅強消伏壞散佛)
보광월전묘음존왕불(普光月殿妙音尊王佛)
환희장마니보적불(歡喜藏摩尼寶積佛)
무진향승왕불(無盡香勝王佛)
사자월불(獅子月佛)
환희장엄주왕불(歡喜莊嚴珠王佛)
제보당마니승광불(帝寶幢摩尼勝光佛)
참제업장십이존불(제목 읽지 않음)
나무참제업장보승장불
보광왕화렴조불
일체향화자재력왕불
백억항하사결정불
진위덕불
금강견강소복괴산불
보광월전묘음존왕불
환희장마니보적불
무진향승왕불
사자월불
환희장엄주왕불
제보당마니승광불

　비록 잘못을 저질렀다고 하더라도 참회하기란 쉽지 않다. 잘못이 아니라고 우기거나 잘못인 줄 알아도 참회하지 않으려고 하는 경우를 흔히 본다. 참회한다는 것은 자기의 자존심을 꺾는 일이 되기 때문이다. 심지어는 잘못했다고 참회하여 자기의 자존심을 꺾느니 차라리 죽는 것이 더 낫다고 생각하는 사람들조차 볼 수 있다.

그러나 진정한 수행자, 진리가 자기보다 더 소중한 사람이라면 진리 앞에 자기를 스스럼없이 드러낸다. 추하기 짝이 없고 부끄럽기 짝이 없는 죄업을 지은 자기를 드러낸다. 그렇게 자기를 드러내는 것을 우리는 '용기'라고 부르며 진정한 수행자는 이러한 '용기' 있는 사람을 가리킨다.

겉으로 드러내서 하는 참회의식의 대표적 예를 우리는 자자(自恣)에서 볼 수 있다. 안거(安居, 결제)가 끝나는 날 그동안의 허물을 대중 앞에 스스로 드러내어 참회하고 또 지적받는다. 이처럼 드러내어서 명시적으로 하는 참회를 발로참회(發露懺悔)라고 한다. 이제 아무런 비밀도 남아있지 않다. 벌거숭이가 되었다[赤裸裸]. 숨기는 것이 없고 참회하지 않음이 없었으므로 이제 하늘을 우러러 한 점 부끄러움이 없다[淨灑灑].

그런데 우리 인간의 심리를 자세히 살펴보면 스스로 지은 모든 죄업장을 적나라하게 발로참회하기는 사실상 불가능하다고 보는 것이 더 맞는 말일 것이다. 그만큼 업이 많기도 하고, 그만큼 참회가 어렵기도 하며, 참회를 하고 난 뒤에도 얼굴 들고 살아가야 하기 때문이다. 그렇다면 발로참회 아닌 다른 참회방법이 모색되어야 할 것이다. 그 새로운 참회방법이 바로 예참(禮懺)이다.

예배를 통해서 참회하는 것이다. 부처님과 보살님께 예배하면서 내가 지은 허물과 악업을 그분들에게 발로한다. 그분들은 참회하는 사람을 미워하거나 벌하거나 하지 않으며 소문도 내지 않는다. 부처님과 보살님께 발로참회한다는 것은 내 마음 속의 죄의식, 업장들을 그분들께 드려버리는 것이 된다. 내 마음 속은 텅빈다. 그래서 후련하고 편안해진다. 그리고 이제 다시는 거듭하지 않겠노라는 맹서를 한다.

　이러한 참회를, 한 부처님에게가 아니라 많은 부처님의 명호를 부르면서 예배함으로써 참회하는 것이다. 그러므로 예참에서의 '나무(南無)'는 '귀의하옵니다'가 아니라 '참회하옵니다'로 해석되어야 한다. 이러한 예참이 현재 우리 한국불교에서는 과거와 달리 널리 성행하고 있지 못하다는 점이 아쉽다. 그것은 의식의 간소화 경향 때문일까? 아니면 그만큼 자기참회가 이루어지지 않고 있기 때문일까?

　예참은 대승에 이르러서 정형화된 것이고 각 종파마다 의지하는 경전[所依經典]에 따라서 참회의식이 만들어졌으며 조금씩 다르다. 관음신앙과 관련하여서는 '관음예참'이 있다. 『천수경』 중에서 이러한 예참의 전통과 수행의식이 반영된 것이 바로 '참제업장십이존불'이다. 이 '십이불(十二佛)'의 경전적 근거는 필자의 과문탓으로 확인할 수 없었지만 이 부분이 예참의 형태를 갖추고 있음은 틀림이 없으리라 생각된다. 다만 한 분 한 분에 대한 서술과 수식이 생략된 것은 『천수경』 속에 편집되면서부터였을 것으로 추정된다. 그런 면에서 '나무참제업장'은 '보승장불'만이 아니라 열두 분 모두에게 다 해당되는 것으로 보아야 할 것이다.

　『삼국유사』의 대산오만진신(臺山五萬眞身)조에서 "낮에는 천수다라니를 독송하고 밤에는 관음예참을 했다"고 전하는 것으로 보아서 다라니와 예참은 함께 닦았음[雙修]을 짐작할 수 있다. 따라서 현재 '참제업장십이존불'과 '십악참회'를 생략하고 독송하는 경우가 많은데 가능한 한 독송하는 것이 더욱 좋으리라고 생각된다. 참회는 아무리 강조하더라도 지나치지 않을 것이기에.

참회의 사회성

> 십악참회(十惡懺悔)
> 살생중죄 금일참회(殺生重罪 今日懺悔)
> 투도중죄 금일참회(偸盜重罪 今日懺悔)
> 사음중죄 금일참회(邪淫重罪 今日懺悔)
> **열 가지 악업을 참회하옵니다**
> 생명해친 무거운죄 참회하오며
> 도둑질한 무거운죄 참회하옵고
> 사음행한 무거운죄 참회하오며

'십악참회'는 앞의 '참회게'에서 행한 전체적 사참(事懺)을 보다 세분화하면서 개별적인 행위 하나하나를 참회하는 것이다. 참회라면 무엇을 참회하는 것일까? '참회하다'의 목적어는 '업(kamma)'이다. 업을 행위의 기관을 중심으로 나누면 몸[身], 말[口], 뜻[意]의 삼업(三業)이 되고 행위된 결과를 두고 보면 십악업(十惡業)이 된다.

먼저 몸으로 짓는 신업(身業)에 살생, 투도, 사음의 세 가지가 있으며 입으로 짓는 구업(口業)에 거짓말[妄語], 아첨하는 말[綺語], 이간질하는 말[兩舌], 험한 말[惡口]의 네 가지가 있다. 그리고 뜻으로 짓는 세 가지 업은 탐욕[貪], 분노와 증오[瞋], 어리석음[癡]이다. 우리의 이 세 가지 독한 마음[三毒心]이 의업(意業)인 것이다.

이들 십악의 무거운 죄를 우리는 매일매일 참회해야 하는 것이다. 매일 참회해야 한다는 것은 어제 참회하고 나서도 오늘 또 지으면서 살아간다는 의미를 내포하고 있다. 그것이 중생들의 삶이 아닌가. 바꾸어 말하면 중생들이 사는 세상과 중생들의 근기가 매일 참회해도 또 매일 이러한 악업을 지을 수밖에 없다는 불교심리학의 깊은 통찰을 그 밑바탕에 깔고 있는 것이다. 그 결과 이러한 '십악참회'가 시설(施設)된 것이다.

따라서 '금일참회'는 단순히 의례적인 것이어서는 아니된다. 이들 십악을 결코 짓지 않겠다는 윤리적이고 실존적인 결단을 동반해야 하는 것이다. 그럴 때만이 진정한 참회라고 할 수 있다. 온세상 사람들이 전부 악업을 당연한 것인 양, 아니면 불가피한 것으로 용인하고 행할 때에도 자신은 결코 그럴 수 없다고 하는 윤리적이고 실존적인 결단이 '불(不)…'로 나타나는 것이다. "나는 결코~하고자 않는다"의 문장이다. 타율적으로 주어지는 율법이 아니라 스스로 경계하고[自戒] 스스로 맹서하는 것[自誓]이 계의 의미다.

또 선업이 따로 있는 것이 아니라 악업을 하지 않음이라고 하는 불교의 윤리학이 소극적인 것이 아님을 알 수 있다. 그것은 참으로 처절한 고뇌와 그를 통해 내려지는 적극적인 윤리의식을 수반하는 것이다.

이러한 적극적인 윤리적, 실존적인 결단—'불(不)'자가 붙는 십선업(十善業)—을 통해서만 우리는 중생들의 세상을 점차 불국토로 바꾸어갈 수 있다. 이러한 십선업을 행하는 일이야말로 정토를 이루는 첩경이 된다. 실제로 미륵보살의 용화세계(龍華世界)는 이러한 십선업을 통해서 이루어질 수 있다고 설해진다. 그렇다면 이제 십악업을 행하지 않는 십선업을 단순히 개인적 윤리라고 말할 수는 없다. 그것은 사회윤리이다.

　십악업과 십선업의 문제를 개인윤리적 차원에서 이해하는 것으로 그치지 아니하고 사회윤리적 차원에까지 그 이해의 지평을 확대할 때 '살생'이나 '투도' '부정한 짓' 등 신업(身業)에 대한 이해도 개인적인 윤리덕목에 그치는 것이라고 할 수는 없게 된다.

　살생은 동물을 죽이는 일뿐만 아니라 후기 산업사회에 발생한 인간성 타락의 여러 가지 현상을 모두 포함하게 된다. 자비와는 정반대되는 여러 가지 병리현상들, 예컨대 전쟁, 고문, 동물 학대, 생태계 파괴, 공해, 폐수 유출 등의 환경범죄까지 '살생'으로 이해해야 하는 것이다. 도둑질 역시 마찬가지다. 남의 물건을 훔치는 행위만 도둑질이 아니라 가진 자들의 경제적 범죄행위 역시 도둑질이다. 부동산 투기, 사기분양, 탈세 등이 모두 투도이다. 그리고 남의 생명이나 평화 그리고 행복을 해쳐가면서까지 돈을 벌려고 하는 행위 역시 투도행위라고 보아야 마땅하다.

　부정한 행위 역시 배우자 이외의 이성과 갖는 성관계만이 아니라 성범죄, 그리고 성적 탈선을 부추기는 온갖 선정주의(煽情主義)적 행위 역시 '부정한 짓'에 포함되는 것이다. 문명과 기술이 발달할수록 인간의 업이 복잡해지고 그 수단도 교활해지는 느낌이다.

　이렇게 십선업을 사회윤리적 차원에까지 확대하여 이해할 때 개인적 차원의 악업보다도 사회적 차원의 악업은 더욱 더 무거운 중죄라고 아니할 수 없다. 따라서 참으로 계학(戒學)이 회복되어야 할 이 시대에 우리들의 '금일참회' 역시 개인적 차원에서만이 아니라 사회적 차원의 악업에 대한 반성과 비판, 그리고 고발로 이어져야 하는 것이다. 그러기 위해서도 보살의 개인적 행위가 윤리적이어야 함은 말할 것도 없다.

말은 자비의 집이다.

망어중죄 금일참회(妄語重罪 今日懺悔)
기어중죄 금일참회(綺語重罪 今日懺悔)
양설중죄 금일참회(兩舌重罪 今日懺悔)
악구중죄 금일참회(惡口重罪 今日懺悔)
거짓말한 무거운죄 참회하옵고
아첨했던 무거운죄 참회하오며
이간질한 무거운죄 참회하옵고
험한말한 무거운죄 참회하오며

『천수경』은 '언어의 철학'이라고 할 만하다. 앞의 '정구업진언'에서 우리는 진리[眞]가 말[言]을 떠나 있음을 살펴보았다. 진리가 말을 떠나 있음은 누구나 쉽게 짐작할 수 있는 일이다. 불교에서의 말은 달이 아니라 달을 가리키는 손가락이다. 진리를 가리키는 도구로서의 의미만 갖는다. 그러나 사실 진리가 말을 떠나 있기만 해서는 그같은 진리가 우리에게는 아무런 의미가 없음도 사실이다. 진리 역시 말 속으로 내려와야 한다. 진리가 말을 떠나 있음을 '말을 떠난 진리[離言眞如]'라고 하며 말 속에 내려와 있는 진리를 '말을 의지하는 진리[依言眞如]'라고 한다. 하이데거가

"언어는 존재의 집이다"라고 했을 때에도 이 의언진여와 같은 의미에서 말하는 것같다. 하이데거의 개념을 빌리면 이언진여는 '존재'가 될 것이다.

의언진여를 시설하고 있음에서 이제 부처는 옛부터 움직임도 없고, 말씀도 없을 뿐[舊來不動名爲佛, 義相] 아니라, 진실을 말하는 자[眞語者. 實語者]이며, 진여에 계합하여 말하는 자[如語者]이며, 다르지 않음을 말하는 자[不異語者]이며, 속이지 않는 자[不狂語者]이기도 하다[금강경].

이언(離言)은 진리 그 자체, 깨달음의 내면일 수는 있어도 그 깨달음의 구체화는 아니다. 물론 이언이라고 했을 때 이미 언어를 통한 구체화에는 한계가 있음을 나타내며 또 그것은 언어의 한계로 지적되는 바이다. 그러나 한편으로 비록 한계가 있다고 하더라도 언어에 진리를 담아서 말에 의지하여[依言] 제시하지 않는다면 불교의 깨달음에는 자비가 없다는 비난을 받을 수밖에 없으리라. 그러나 진정한 깨달음은 반드시 자비에서 출발하여 자비로 돌아온다. 그것은 깨달음을 얻은 자, 또는 깨달음을 얻고자 하는 자는 말에 의지해야 함을 의미한다. 그래서 언어는 존재가 머무는 집이 된다. 뿐만 아니라 말에 의해서 자비를 나타낸다고 하는 뜻에서 우리는 '말이 자비의 집이다'라고도 하는 것이다.

『천수경』의 모든 진언, 다라니는 '말을 떠난 진리'[離言眞如]를 본래의 모습 그대로 드러내고 있다. 그러나 그것만으로『천수경』이 완성된 것은 아니다.『천수경』은 자비의 어머니 관세음보살이 설하는, 또 자비의 어머니 관세음보살을 설하시는 경전이 아닌가. 그럴진대 자비의 의언(依言)을 외면할 수 없다.『천수경』에는 말을 떠남[離言]과 말을 의지함[依言], 존재와 자비가 함께 설해져 있는 것이다. 이제 자비의 집인 언어, 자비를 담는 언어는 어떻게 되어야 할 것인가?

　말을 떠남과 말을 의지함, 존재와 자비는 언제나 함께 한다. 마치 수레의 두 바퀴나 새의 두 날개와 같이 말이다. 그럴 때 그것을 우리는 보살행이라고 부른다. 인간의 구업(口業)을 구체적으로 하나 하나 지적하며 참회하는 이곳 '십악참회'에서 우리들의 언어생활에서 쓰는 언어가 구체적으로 어떤 모습을 띠고 있어야 하는지를 보여준다. 거짓말은 진실어(眞實語)가 아니고, 아첨하는 말은 진여에 계합하는 말이 아니고, 이간질하는 말은 다르지 않음을 말하는 것[不異語]이 아니며, 험한 말은 난폭하지 않은 말[不誑語]이 아니다. 다시 말해서 거짓말 등의 네 가지 구업은 모두 진리에 의지하지 않은 말이다.

　불교의 언어생활에 대한 가르침은 '진실해야 한다'는 하나의 원칙으로 귀결된다. 여기에는 우리의 주의를 끌 만한 깊은 의미가 숨어 있다. 언어가 자비를 담기 위해서는 진실해야 한다는 것이다. 진실하지 않은 말은 결코 자비의 말일 수도 없다는 가르침이다. '진리에 의지하는 말[依言眞如]'이라는 술어 속에 이미 그 의미가 감추어져 있긴 하지만 여기서 진실과 자비의 관계가 다시금 강조되고 있다.

　다시 말이 무엇일까? 앞에서 우리는 "말이 사람을 만든다"고 하였다. 거짓말을 통해서 거짓된 인간이 형성된다면 진리에 계합하는 말을 통하여 우리는 진리를 깨우치는 인간, 붓다가 될 수 있으리라. 이리하여 다시 의언진여(依言眞如)는 이언진여(離言眞如)로 나아가는 사다리다. '언어는 진리로 나아가는 사다리다.' 마치 손가락이 달을 가리키듯이.

'십악참회'에서 '금일참회'는 바로, 지금—여기에서 우리 모두 언어[依言眞如]의 사다리를 통해서 진리[離言眞如]로 나아가자는 것을 말로써 약속하는 것이다. 거짓말, 아첨하는 말, 이간질하는 말, 험한 말 등의 구업은 결코 하지 않겠다는 실존적, 윤리적 결단을 수반하는 그런 참회인 것이다.

번뇌의 뿌리

탐애중죄 금일참회(貪愛重罪 今日懺悔)
진에중죄 금일참회(瞋恚重罪 今日懺悔)
치암중죄 금일참회(癡暗重罪 今日懺悔)
욕심냈던 무거운죄 참회하옵고
분노했던 무거운죄 참회하오며
삿된소견 무거운죄 참회합니다

우리들이 짓는 악한 행위를 크게 범주화시키면 십악업(十惡業)이 된다. 이 십악업은 각기 신업의 세 가지와 구업의 네 가지, 그리고 의업의 세 가지로 이루어진다. 이 가운데 신업의 세 가지와 구업의 네 가지에 대해서는 이미 앞에서 충분히 살펴보았다. 그리하여 이제 우리는 의업의 세 가지 즉, 탐(貪), 진(瞋), 치(癡)의 삼독심을 참회할 차례이다.

신업과 구업은 겉으로 드러나는 업(overt behaviour)이라고 한다면 의업은 겉으로 드러나지 않고 속으로 짓게 되는 업(covert behaviour)이다. 그런데 불교에서는 바로 이 속을 더욱 문제시한다. 겉으로 보아서 번뇌가 있고 복덕이 있는 듯이 보여도 실제로 속으로 보면 번뇌도 없고 복덕도 없다. 겉으로 보면 중생이 있고 부처가 있는 듯이 보여도 속으로 보면 중생도 없고 부처도 없다(畢竟無佛及衆生 ― 懶翁). 이 겉을 상(相, nimitta, 현실)이라고 하고 속을 성(性, svabhāva, 존재)이라고 함은 앞에서 설명하였다.

불교사를 보면 '현실의 차원[隨相門]'에 서서 불교의 궁극적 목적을 이루고자 하는 운동도 있으며 '존재의 차원[自性門]'에 서서 그것을 이루고자 하는 운동도 있었다. 이들은 늘 대립적으로 발전해왔으나 원효스님이나 보조스님과 같은 위대한 회통론자(會通論者)들은 이들 두 차원의 화쟁(和諍)과 융회(融會)에 힘을 쏟았던 것이다.

일단 겉[相]과 속[性]의 구별은 참회에 있어서도 마찬가지다. 겉의 참회를 사참(事懺)이라 하고 속으로부터의 참회를 이참(理懺)이라고 한다. 『천수경』에서는 지금까지 사참을 서술하고 있으며, 이어서는 이참이 설해진다. 그런데 여기 '십악참회' 중에서 의업에 대한 참회의 부분은 뜻[意]이 '겉'이 아니라 '속'이기 때문에 사참을 총결하고 이참을 열어가는[結前起後] 가교가 된다.

속에서 본 업, 그것은 의업이다. 이때의 '의(意)'는 심리적인 영역을 말한다. 의(manas)의 세계는 심리의 세계이다. 따라서 탐, 진, 치의 세 가지 독한 번뇌는 우리 중생들의 마음에서 일어났다 사라졌다 하는 뜬구름이나 물거품과 같은 것이다. 뜬구름과 물거품에 어찌 실체가 있을 수 있는가. 실체가 있다면 영원히 존재해야 할 터이지만 그렇지 못하므로 잠시 있다가 사라지고 마는 것이다. 무상이다. 그러나 뜬구름과 물거품의 근저에 있는 맑은 하늘[靑天]과 물 자체는 변함이 없이 영원한 것이다. 맑은 하늘과 물 자체를 직시하는 것이 '존재의 차원[自性門]'이다. 그와는 반대로 뜬구름과 물거품의 제거[對治]를 위해 애쓰는 것이 '현실의 차원[隨相門]'이다. 그런데 여기 '십악참회'는 후자의 참회이다. 물거품이며 뜬구름인 이들 세 가지 독한 번뇌는 계학(戒學), 정학(定學), 혜학(慧學)의 삼학(三學)을 통하여 치료된다고 앞의 '삼학을 통하여'에서 서술한 바 있다.

탐애는 탐욕과 애욕이다. 소유에 대한 타는 목마름이다. 진에는 분노와 증오, 저주 등을 말하며 치암은 진리를 모르는 어리석음이다. 이들 세 가지 악업 중에서 어느 하나 제어하기가 수월한 것은 없다. 그러므로 우리는 '무거운 죄'를 오늘도 지어가고 있는 윤회의 중생이 아니겠는가, 적어도 겉으로는 말이다. 그래서 또 참회가 요청되는 것이겠다.

이들 중 무엇이 가장 두렵고 제어하기 어려운 악업인가? 무엇이 가장 다루기 어려운 심리현상인가? 책속에서 전해 들은 남의 이야기가 아니라 자신의 대답을 한 번 찾아보자. 물론 탐, 진, 치 중에서 가장 근원적인 것은 치(癡)라고 한다. 치로 말미암아 탐, 진이 있으며 치가 없으면 탐, 진도 없을 것이기 때문이다. 필자 역시 이러한 전통적인 교의에 반대할 생각은 없다. 다만, 더욱 다루기 어렵고 심각한 악업은 탐애나 치암의 중죄 보다는 진에가 아닐까 한다. 왜냐하면 분노야말로 우리도 모르는 사이에 순간적으로 저질러지기 때문이다. 대개 일을 저지른 뒤에 땅을 치며 후회하는 것이 아닌가.

그렇다면 과연 이들 삼독의 뿌리는 어디일까? 의업이 악업으로 전개된다고 하더라도 그 뿌리는 겉에 있는 것이 아니라 속에 있을 수밖에 없다. 속은 마음이며 의식의 세계이다. 명(明)이 무명(無明) 이외에 따로 있는 명이 아니라 무명이 없는 무무명(無無明)이듯이 탐, 진, 치의 뿌리 역시 마음이다. 그 마음은 계, 정, 혜의 뿌리로서의 마음과 동일하다. 그러므로 세 가지 독한 마음의 뿌리와 세 가지 배움의 뿌리는 둘이 아니다. 다르지 않다. 다만 한 마음에서 우리는 부처도 되었다가 중생도 되었다가 하는 것이다. 한 마음을 깨치면 중생이 부처이고 한 마음을 깨치지 못하면 부처가 중생인 것이다. 이 한 마음을 『기신론』은 일심(一心)으로, 『화엄경』은 중생이나 부처와 다르지 않은 것[心佛及衆生 是三無差別]으로 설하고 있는 것이다. 부처가 될 바탕이라는 의미에서 여래장(如來藏)이라고도 한다.

참회, 그것은 겉[이론]으로 이해하는 것이 아니라 속[마음]으로 통렬하게 뉘우치는 것[痛悔]이다. 깊은 죄책감에서 우러나오는 흐느낌이며 목놓아 우는 울음이다. 그러한 참회 뒤에 비로소 우리는 크게 행복하리라. 스스로 이미 부처님의 크나큰 은혜 속에 놓여 있음을 발견할 것이므로.

빛과 어둠

백겁적집죄(百劫積集罪)

일념돈탕제(一念頓蕩除)
　　여화분고초(如火焚枯草)
　　멸진무유여(滅盡無有餘)
　　백겁토록　쌓인죄도
　　한생각이　사라지니
　　마른풀이　불에타듯
　　죄의자취　사라지리

　지금까지 살펴본 참회게, 참제업장십이존불, 그리고 십악참회는 구체적인 현상으로 나타난 업에 대하여 행동으로 직접 참회하는 것이었다. 이러한 현상적인 업에 대한 참회는 우리의 죄의식을 더욱 더 강화시켜 준다. 죄의식이 크면 클수록 참회 역시 더욱 진실한 것이라고 생각한다.
　때로는 죄의식에 괴로워하는 것이 종교인의 참모습이기도 하지만 거기에 집착하여 지나치게 위축되는 것은 바람직하지 않다. 정녕 중요한 것은 업의 시간이었던 어제가 아니라 보살행의 시간이 되어야 할 오늘과 내일이기 때문이다. 이리하여 대승불교에서는 새로운 차원의 참회를 제시한다. 그것은 바로 현실의 차원을 뛰어넘어서 존재의 차원, 진리의 세계에서 행해지는 참회이다. 불교 이외의 어떤 종교에서도 이러한 참회를 설하고 있지는 않다. 유독 불교만이 존재의 차원에서 행해지는 참회를 제시한다. 앞의 현상적 참회를 전통적으로는 사참(事懺)이라 하고 이제 살펴보게 될 존재의 차원에서 행해지는 참회를 이참(理懺)이라고 함은 여러 번 지적하였다.
　대승불교의 진면목은 사참보다는 이참에서 더욱 잘 드러남은 말할 나위없다. 그러나 그렇다고 해서 사참은 무시되거나 경시되지 않는다. 사참과 아울러 이참을, 이참과 아울러 사참을 함께 행하는 것이다. 먼저 사참을 행하고 더깊이 살펴보아 이참까지 행해가는 것이 바람직하다. 바로 여기 『천수경』에서 사참과 이참을 그와 같은 논리 속에서 함께 설하고 있음은 주의해서 보아야 할 점이다. 보조스님 역시 그의 교단윤리적 저술[淸規]인 『계초심학인문(誡初心學人文)』에서 '모름지기 이참과 사참으로 소제(消除)할 줄 알아야 한다'고 하였던 것이다.

　사참의 차원에서는 한량없이 오래도록 쌓아온 우리의 죄업장은 끝없는 참회를 통해서만 소멸된다고 했다. 그런데 이참의 차원에서는 그것이 '한생각'에 담박 소멸되는 것이다. '담박'이라는 부사는 '돈'(頓, sudden)의 번역어이다. 선의 수증론(修證論)에서 돈오(頓悟)라고 할 때 쓰이는 술어이다. 그것이 여기 이참을 설할 때에도 쓰이는 것이다. 따라서 우리는 이(理)와 돈(頓)이 차원을 함께 함을 알 수 있게 된다. '이의 차원'에서는 돈일 수밖에 없는 것이다.

　그러나, '사(事)의 차원'에서조차 돈(頓)일 수 있을까? 그렇지 않다. '사의 차원'에서는 돈이 아닌 점(漸)이라야 옳다. 이의 차원에서 돈일 수 있음은 마음 속의 문제이므로 마음을 바꾸는 데에 시간이 소요되는 것은 아니기 때문이다. 선지식의 지시(指示)에 힘입어 본래 자기 성품이 부처의 성품과 다르지 않음을 보게 된다[見性]. 이와는 달리 사의 차원은 마음 속의 문제가 아니라 마음 밖으로 드러나는 행위의 문제이고 그것이 미치는 범위가 사회적이기 때문에 돈(頓)일 수 없고 점인 것이다. 이른바 점수(漸修)가 바로 그것이다. 이와같은 이치를 『능엄경』에서는 "이(理)의 차원에서는 돈오(頓悟)이지만, 사(事)의 차원에서는 돈제(頓除)가 아니라"고 말씀하고 있다. 이처럼 먼저 돈오하고 나서 끊임없이 닦아가는 것을 돈오점수(頓悟漸修)라고 한다. 선의 수증론 가운데 '돈오점수'만이 '이'와 '사'의 두 차원을 포괄하고 있다.

한 생각을 돌이키면 아무리 많은 업을 지었더라도 즉시에 소멸된다. 마치 아무리 오랜 시간을 들여서 산더미같이 쌓아올린 마른 풀더미라고 하더라도 불은 금방 태워없애듯이 여기서의 '멸진무유여'는 죄업의 자취가 완전히 사라진 열반을 의미하기도 한다. 열반은 어원적인 뜻에서 '불 꺼진 상태'를 말하는 것이 아닌가. 즉, '이참즉열반(理懺則涅槃)'을 설하고 있는 것이다.

왜 그런가. 어째서 한 생각이 백 겁의 죄를 돈제할 수 있단 말인가? 한 생각은 빛이고 백 겁의 조는 어둠이기 때문이다. 빛과 어둠은 상대가 되지 않는다[明暗不相敵]. 아무리 오랫동안 빛을 쪼이지 않은 어둠이 가득한 지하실의 한 구석진 방이라고 하더라도 문을 열고 랜턴을 비추는 순간 참으로 순간적으로[頓] 어둠은 도망가게 된다.

문제는 우리의 마음과 생각을 빛으로 채우는 일이다. 천수다라니를 외우거나 염불을 하거나 예경하거나 좌선하거나 남을 기쁘게 하는 모든 보살행이 곧바로 우리 마음에 가득 빛을 채우는 일이 된다.

죄인과 부처

죄무자성종심기(罪無自性從心起)
심약멸시죄역망(心若滅時罪亦亡)
죄망심멸양구공(罪亡心滅兩俱空)
시즉명위진참회(是卽名爲眞懺悔)
참회진언(懺悔眞言)
"옴 살바 못자모지 사다야 사바하"(3번)
죄는본래 마음에서 일어나나니
마음이   사라지면 죄도그렇네
죄와마음 모두다   공해진다면
비로소   참된참회 이름하리라
참회의 진언
"옴 살바 못자모지 사다야 사바하"(3번)

    참회의 대상은 죄와 업이다. 죄가 있으므로 참회가 있는 것이다. 소크라테스의 "너 자신을 알라"는 말을 참회문(懺悔門)에서 이해하면 "죄많은 너 자신을 알라"는 이야기가 된다. 소크라테스의 말대로 우리가 자신을 잘 알면 알수록 우리는 스스로 더욱 더 많은 죄를 지은 죄인임을 알게 된다.
    그러나 소크라테스적인 자기반성이 더 이상 우리 스스로를 지탱시킬 수 없을 때까지 이르는 수도 있다. 컴플렉스, 노이로제 등의 정신적 장애를 가져오기도 하고 심하면 자살하는 경우까지 있다. 이러한 지경에까지 나아가는 죄책감의 중압은 올바른 것이라고 할 수 없다. 근래 정신분석, 정신치료 등으로 이러한 정신적 장애를 치료하고자 하는 노력들이 이어지고 있다. 그러나 불교는 이미 오래 전부터 이러한 죄책감의 중압에서 죄많은 중생을 해방시켜 주고 있는 것이다. 정신분석이나 정신치료에 종사하는 전문가들이 불교의 유식이나 선에 관심을 기울이고 있는 것도 그같은 전통을 알기 때문이다.

불교에서는 인간을 어떻게 보는가? 인간은 죄인이라고 보는가 아니면 인간을 부처라고 보는가? 유신론(有神論)의 종교에서는 절대자를 높이고 찬양하기 위해서도 스스로 더욱 더 비참한 죄인으로 고백해야 한다. 그러나 무신론(無神論)의 종교인 불교는 그렇지 않다. 불교는 인간을 부처라고 본다. 이러한 불교의 인간관에서 보더라도 지나친 죄책감은 바람직하지 않다. 지나친 죄책감에서 벗어나야 한다.

다시 말하면 죄책감을 심어주고 증폭시키는 사참(事懺)만으로는 안 된다는 것이다. 사참 뒤에 사참으로 인해서 생기는 죄책감의 뿌리를 뽑아주어야 한다. 『천수경』은 그래서 사참을 먼저 설하고 나서 이참을 설함으로써 '참회'를 마친다.

겉으로 보면 죄인이지만 속으로 보면 부처이다. 겉으로 보아서 지은 죄를 참회하는 것이 사참(事懺)이고 속으로 보아서 죄의식을 털어버리는 것이 이참(理懺)이다. 이참의 경전적 근거는 『유마경』에서 보인다. 지계제일(持戒第一) 우팔리 존자의 회고담으로 소개된 '유마의 법문'이 그것이다. 비구 두 사람이 계를 깨뜨리고 괴로워한 나머지 그들의 죄의식을 덜어주기를 바라면서 우팔리 존자를 찾아간다. 그러나 율사(律師)인 우팔리는 그들에게 오히려 죄의식을 강화시켜주는 법문만을 베푼다.

이때 유마거사가 나타나서 우팔리를 경책한다. 죄는 어디서 오는가? 죄는 신이 짓는가 아니면 죄 그 자체에 자기운동성(自己運動性)이 있어서 죄를 짓는가. 우리 인간의 마음이 짓는가. 마음이 짓는 것이라면 그 마음은 어디에 있는가. 안에 있는가, 밖에 있는가. 안과 밖의 중간에 있는가. 그 어디에서도 마음을 찾을 길 없는 [空寂] 이상 죄지은 마음 역시 없는 것 아닌가. 다만 인연에 따라서 한생각 악한 마음이 들면 죄를 짓게 되는 것이 아닌가. 그러나 그와 마찬가지로 한생각 좋은 생각을 하게 되면 복을 짓게 되는 것이 아닌가.

이것이 '이참의 논리'이다. 그런데 이참에서 우리가 간과할 수 없는 것은 불교윤리학(佛敎倫理學, Buddhist Ethics)이 사(事)나 겉을 중시하는 형식주의 윤리학이 아니라 이(理)나 속을 보다 더 중요시하는 마음의 윤리학이라는 점이다. 겉으로 어떤 행위가 죄냐, 어떤 행위가 죄가 아니냐와 같은 원칙의 문제에 관심을 두는 '원칙의 윤리'가 아니라 우리 마음을 어떻게 써야 죄를 짓지 않을 수 있는지를 문제삼는 '덕의 윤리'이다. 그것도 무위(無爲)의 상태에서.

과거 서양의 윤리학은 죄와 벌, 선과 악과 같은 문제에 관심을 기울이는 행위중심 윤리학이었으며 외면적인 형식주의 윤리학이었다고 할 수 있다. 이러한 윤리적 입장은 이참(理懺)에서 나타난 불교의 내면적인 윤리학에 상반되는 것이다.

한편 동양의 윤리적 전통은 '행위 중심의 윤리'가 아니라 '행위자 중심의 윤리'이다. 행위를 문제삼는 것이 아니라 행위자를 문제삼는다. "착한 사람이 착한 일을 한다"는 입장이다. 여기서 우리의 실제생활을 반성해보자. 혹시 우리가 악을 행한다면 과연 우리는 무엇이 선이고 무엇이 악인지를 몰라서 악을 행하는 것인가? 선악의 판단은 누구나 할 수 있다. 지적 차원의 앎과 실천적 행위 사이에는 거리가 있는 것이다. 왜 그런 거리가 있게 되는가. 앎이 내면화(內面化), 인격화(人格化)되지 못했기 때문일 것으로 생각된다. 앎의 내면화, 인격화는 우리의 심성 그 자체가 선하게 된다는 것이다. 기실 우리의 심성은 본래 선하다. 이러한 선한 마음을 회복하게 되면 저절로 선한 행위를 할 수 있다.

선한 마음에서 선한 행위는 자동적으로 연역된다고 본다. 이처럼 자동적으로 연역된다고 보는 입장에서는 오직 선한 마음의 회복만이 관심의 대상이 된다. 그 결과 동양에서는 이차적인 선한 행위에 관심을 기울이기보다는 일차적인 선한 마음의 회복에 주의를 기울인다. 이러한 동양의 윤리적 기본입장에 대한 이해가 이루어지지 못할 경우 "동양[불교, 선]에는 사회윤리가 없다"라고 말하게 된다. 그러한 판단이 올바르지 못함은 두말할 나위 없는 것이다.

그런데 현재 서양의 윤리학자들 중의 일부는 외면적이고 형식적인 서양의 전통적 윤리학의 입장을 버리고 비판하면서 내면적인 내용의 윤리를 추구하고 있다. 이들의 입장 역시 어떤 점에서는 비판받고 있지만 적어도 그같은 흐름이 어느 정도 살아가고 있음도 사실이다. '덕의 윤리'를 추구하고 있는 맥킨타이어 (MacIntyre, 『After Virtue』의 저자로 아리스토텔레스를 잇고 있다), 동물에 대한 불살생을 주장하는 피터 싱어(Peter Singer), '자비의 윤리학'을 주장하는 박이문(朴異汶) 등이 바로 그들이다.

필자는 이들의 윤리적 입장이 다양하며 '불교의 윤리학'과는 다소 차이를 보이고 있으나 '원칙의 윤리'가 아니라 '덕의 윤리'이며

'행위의 윤리'가 아니라 '행위자[心性]의 윤리'라는 측면에서 상통성(相通性)이 현저하기 때문에 '불교적 윤리학'이라고 부르고 있는 것이다. 이들에게 있어서 문제되는 것은 죄나 죄가 되는 행위가 아니라 죄짓는 사람이 문제이다. 이참(理懺)에서 보듯이 마음이 문제라고 본다. 여기서 우리는 다시 우리 마음을 비추어 보아야 하는 것이고 불교윤리학[戒學]이 선(禪)과 관련 맺게 되는 상호의존 관계를 확인하게 되는 것이다.

이제 '참회'를 마친다.

참회진언 "옴 살바 못자모지 사다야 사바하"[3번]

8. 준제주(准提呪)

난중일기(難中日記)

준제공덕취(准提功德聚)
적정심상송(寂靜心常誦)
일체제대난(一切諸大難)
무능침시인(無能侵是人)
준제공덕 산과같으니
고요속에 항상외우면
어려움이 크다하여도
침해하진 못할지어다

'준제주'라고 과판(科判)한 여기[준제공덕취~원공중생성불도]에는 준제진언만이 아니라 정법계진언, 호신진언, 그리고 육자대명왕진언 등이 함께 자리하고 있다. 다소 이질적이긴 하지만 처음과 끝이 준제주에 관련된 내용이므로 그 사이의 다른 진언들은 삽입으로 보고 전체적으로 '준제주'라고 한 것이다.
　『천수경』을 진언을 중심으로 이루어진 독송용 경전이라고 이해할 때 그 중심이 되는 진언은 천수다라니, 즉 신묘장구대다라니와 준제진언이다. 그렇게 보는 까닭은 그들 진언을 중심으로 앞뒤에 계청(啓請) 등의 게송이 붙어 있어서 그만큼 중요시되고 있기 때문이다. 이제 우리가 살펴보는 부분도 준제주의 계청이라 할 만한 부분의 첫 게송이다.

준제주는 모든 장애를 소멸하여 부처님의 깨달음을 신속하게 얻게 하는 힘을 갖고 있는 것으로 『칠구지불모준제대명다라니경(七俱胝佛母准提大明多羅尼經)』에서 설하고 있다. 업이 장애가 되어 깨달음을 얻지 못하고 있음을 감안할 때 그러한 업장을 소멸시켜 주어서 깨달음의 '속성취(速成就)'를 결과케 한다는 것은 대단히 중요한 일이 아닐 수 없다. 참회행(懺悔行)을 누구보다도 중요시한 고려때 백련결사(白蓮結社)의 원묘국사 요세(了世, 1163~1245)는 일과수행(日課修行)의 목록 속에 준제주 천 번의 지송을 포함시켰다.

이제 게송을 살펴보자. 준제주의 공덕을 설하고 있는 부분이다. 이미 우리는 앞의 천수다라니에 대한 공덕을 설명하면서 그 공덕에는 근본주의적 공덕과 공리주의적 공덕이 있음을 서술하였다. 근본주의적 공덕이 불교의 가르침에는 더욱 부합되지만 불교에서는 공리주의적 공덕도 함께 설하고 있으며 『천수경』 역시 그같은 기조 위에 서 있음을 살펴보았다.

여기에서도 먼저 공리주의적 공덕이 설해지고 있다. 불교를 공부한다 또는 불교를 수행한다는 것은 어떤 의미에서는 공리주의적 입장에서 점차 근본주의적 입장으로 옮아가는 것을 말한다. 그것을 우리는 '신앙의 성숙'이라고 한다. 언제까지나 공리주의적 공덕에 매달리는 것은 올바른 신앙태도가 아니다. 이것은 틀림없는 사실이다. 근본주의적 공덕문(功德門)의 존재야말로 달마(達摩)의 '무공덕(無功德)'에서 보듯이, 가장 불교다운 모습이다. 그런데 왜 다시 공리주의적 공덕이 설해진단 말인가? 오직 근본주의적 공덕만 설해져야 할 것이 아닌가? 그렇다.

그럼에도 불구하고 공리주의적 공덕을 함께 설하고 있는 것은 바로 '일체제대난(一切諸大難)' 때문이다. 재난이 닥치기 전에 우리는 늘 근본주의적 입장에 서 있었다. 그러나 너무나 갑자기, 또 예고없이 재난이 우리를 엄습한다. 세상의 물질과 문명이 발달할수록 그것들은 더욱 불가항력적으로 되는 것 같다. 교통사고, 수재, 화재, 폭행, 그리고 AIDS를 비롯한 무서운 질병 등이 그것들이다. 그러한 재난이 닥치더라도 역시 참으로 근본주의적 입장에 서 있어야 할 터인데 대부분의 사람들은 그러한 준비가 되어 있지 못한 것도 사실이다.

더욱이 그러한 '일체제대난'이 자기가 아니라 사랑하는 가족들이나 사랑하는 이웃들에게 일어날 경우 더욱 더 우리 스스로의 한계(限界)를 자각하게 된다. 한계상황 속에 놓여 있는 우리 실존(實存)의 모습은 부처와 중생의 평등과 호융(互融)보다는 "부처님, 도와주소서, 지켜주소서, 살려주소서!"라고 절규하게 된다. 그 순간에도 근본주의적 입장에 서 있을 수 있는 사람은 얼마나 될까.

밀교에서는 이러한 우리의 한계상황과 실존을 있는 그대로 수용한다. 치병(治病)으로서의 밀교행법(行法)이 성행했던 것도 그러한 배경에서이다. 준제주를 외우면 어떠한 병이라도 '즉시에 쾌유된다[即愈]'고 경전은 밝히고 있다. 과연 즉시에 쾌유될 수 있을까? 정말일까?

사실 여부, 영험의 여부가 중요한 것은 아니다. 중요한 것은 "어떠한 어려움도 이 사람을 침해하지 못하리라"는 말씀이 난중

(難中)의 중생들에게는 희망이 되고 있다는 점이다. '일체제대난' 속에 살고 있는 우리들 스스로 평소의 수행자세를 되돌아 보아야 겠다. 나부터 스스로 지은 업의 무게를 가늠해 보아야겠다.

복(福)에 대하여

  천상급인간(天上及人間)
  수복여불등(受福與佛等)
  우차여의주(遇此如意呪)
  정획무등등(定獲無等等)
  신들이나 인간들은
  님과같이 복받으며
  여의주를 만났으니
  무등등을 얻으리라

 사람은 무엇으로 사는가? 우리의 생명은 숨을 들이쉬고 내쉬는 데에 있다고 했는데 그렇게 한 평생을 이끌어 오는 원동력은 무엇일까? 그 해답은 복이다. 복의 힘[福力]으로 살아간다. 복의 힘이 다하면 그때 우리는 죽는다. 따라서 복의 힘은 언제나 충분히 남아 있도록 저축해 두어야 하는 것이다. 신의 세계에서나 인간세계에서나 가장 복이 많으신 분은 부처님이시다.

하늘 위나 하늘 아래 부처님같은 분 없으며
시방세계에서도 부처님과 견줄 이 없네
세간에 있는 그 모든 것 다 둘러보아도
아무도 부처님과 같은 이 없네

천상천하무여불(天上天下無如佛)
시방세계역무비(十方世界亦無比)
세간소유아진견(世間所有我盡見)
일체무유여불자(一切無有如佛者)

    이렇게 찬탄되는 대상은 부처님의 깨달음[지혜]과 함께 복이다. 부처님은 복과 지혜를 둘 다 갖추신 어른, 양족존(兩足尊)이시다. 복의 힘이 한량 없으므로 부처님의 수명 역시 한량 없을 수밖에 없다. 그래서 부처님께서 열반하겠다고 했을 때 세상에 더 머물러 주실 것을 청하지 않은 아난(阿難)이 나중에 비난받았던 것이다.
    신들이나 인간이 모두 다 소망하는 복된 삶, 그것은 도대체 어떤 것인가? 복은 받는 것인가, 짓는 것인가, 비는 것인가? 흔히 "복많이 받으세요"라고 새해가 되면 인사를 하고 또 뜻있는 불자들은 복 받기만을 비는 기복(祈福)신앙은 올바른 신앙이 아니라고 비판한다. 그런데 기복신앙의 문제는 복을 비는 행위 자체에 있는 것이 아니라 복을 받게 해달라고 비는 그 대상의 범위에 있다. 수복(受福)의 범위를 자기와 자기 가족에 한정하는 것이 문제라고 생각된다. 우리 이웃, 우리 사는 공동체 전체가 복을 받기를 원하는 것으로 그 범위가 확대되어야 할 것이다. 그렇게 서원하면서 기도한다면 무엇이 문제이겠는가.
 이미 대승불교에 이르면 초기불교에서와는 달리 붓다가 복을 줄 수 있는 분으로 되었으며 또 수많은 보살들이 활동하고 있는 현실에서 '비는' 행위 자체를 문제삼는 것은 많은 문제가 제기되리라 본다. 그래서 우리는 다음과 같이 말할 수 있다.
 "복받기를 원해도 좋다. 그러나 그 대상은 넓혀가자."
 그것은 곧 우리들의 윤리의식의 지평을 넓혀가는 일이다. 그 다음, 복은 얼마나 받는 것이 좋은가? 복은 질만이 아니라 양으로도 평가된다. 양적으로도 가장 많은 복을 가지신 분이 부처님이다. 그분의 복으로 우리가 지금도 살고 있는 것이 아닌가. 『천수경』에서는 부처님만이 아니라 우리도 부처님과 같은 큰 복을 받을 수 있다고 하였다[受福與佛等]. 준제주를 염송하는 공덕이 그만큼 크다는 것을 강조하고 있다. 이 말씀은 복이 어디서 오는 것인지를 가르쳐 주고 있다. 복은 어디에서 오는가?
 달마(達摩)가 무제(武帝)에게 공덕이 없다고 했을 때와 그에 대한 혜능의 해석은 공덕과 복덕을 구별하는 것이었다. 즉, 수심(修心)에서 공덕이 나오고 보시에서 복덕이 나오는 것으로 이는 자기수행, 수심에 대한 강조를 위해서였을 뿐, 엄밀하게 공덕과 복덕이 구분되는 것은 아니라고 생각한다. 여기『천수경』의 입장도 그렇다. 준제주의 염송과 같은 자기수행을 통해서도 부처님과 같은 크나큰 복을 받게 되며 더 나아가서는 마침내 위없는 깨달음을 얻게 되리라는 것이다.
 준제주의 염송과 같은 수행으로 한없는 복도 받게 되고 마침내 위없는 깨달음을 얻기도 한다는 것은 복의 힘으로 성불까지도 할 수 있다는 것이다. 그때 비로소 복과 지혜가 두루 갖추어진 양족존(兩足尊)이 되는 것이다.

　우리는 무엇으로 사는가? 복으로 살며 복을 지으며 산다. 그리고 물론 복을 받으며 산다. 그런데 여기 주의할 점이 하나 있다. '복을 짓는다' 또는 '복을 받는다'는 생각[相]이 없어야 한다. 복을 받는 것은 결과이다. 의도가 되어서는 안 된다. 그 결과에 대해서도 아무런 집착 없이 무주상(無住相)의 수행을 해야 한다. 그래야 유루복(有漏福)을 넘어서 무루복(無漏福)이 되는 것이다. "상에 머무르지 않는 보시라야 그 복덕이 헤아릴 수 없게 된다[금강경]." 그 어디에고 머무르지 않을 때 우리도 부처님만큼 복을 받게 된다.

부처의 어머니

"나무 칠구지불모 대준제보살(南無七俱胝佛母大准提菩薩)"(3번)
정법계진언(淨法界眞言)
"옴 남"(3번)
호신진언(護身眞言)
"옴 치림"(3번)
"칠 억 부처님의 어머니, 위대한 준제보살님께 귀의하옵니다"(3번)
법계를 깨끗이 하는 진언
"옴 남"(3번)
몸을 보호하는 진언

"옴 치림"(3번)

　준제주는 준제관음의 진언이다. 앞서 준제진언의 계청이 나오고 뒤이어서 준제보살에 대한 귀의가 이루어진다. 그리고 정법계진언, 호신진언 등이 나옴으로써 '준제주'는 나름대로 계청, 귀의, 진언, 발원 등의 체계를 갖춘 독립된 '다라니'로서 기능할 수 있다. 그러면서도 다시 『천수경』에 포함되어 있는 이중적 구조를 띠고 있다.
　준제주가 독자적인 구조를 갖고 있으면서도 이처럼 『천수경』에 포함되어 있는 것은 준제보살이 바로 관세음보살이기 때문이다. 예부터 육관음(六觀音)의 하나로서 준제관음이 설해지고 있다. 그러므로 여기서 대준제보살은 바로 준제관음을 가리키고 있는 것이다. 육관음 중에서 준제관음은 인간세계를 교화하는 관음보살이라고 한다. 관음의 자비가 끝이 없고 관음의 보문시현(普門示現)이 한량없으므로 관음은 육관음, 천수천안 등으로 화현하는 것이다.
　그런데 문제는 『천수경』에서 이러한 준제관음, 준제보살을 '불모(佛母)'라고 부르고 있다는 사실이다. 어째서 준제보살을 불모라고 하는가? 부처님의 어머니라고 하는가?
　현재는 불상을 조성하는 분을 '불모'라고도 하는데 이는 일종의 어의전성(語義轉成)이라고 생각되고 대승불교 특히 반야부 경전에서는 반야를 불모라고 하였다. "삼세의 모든 부처님이 모두 이 경으로부터 나왔다"고 하는 것이 그 경증(經證)이라고 할 수 있다. 중생은 반야를 체득함으로써 부처가 되기 때문에 반야를 불모라고 하게 된 것이다. 초기경전에서 "이 법은 내가 만든 것이 아니다. 여래가 이 세상에 있거나 없거나 상관없이 이 세상에 있는 것이다"라고 할 때 역시 부처보다 진리가 먼저 있고 부처는 진리의 발견자임을 보여준다. 법의 발견자로서의 부처를 이야기하고 있는 것이다.

여래장(如來藏)사상에서는 불성(佛性)이 불모가 된다. 불성이라고 할 때와 불모라고 할 때 의미의 차이가 있는 것은 아니다. 다만, 뉘앙스에 있어서 불모는 그 생산성(生産性)을 강조하고 있을 뿐이다. 다른 사람의 여래 출현(如來出現)을 도와준다는 의미가 강하게 내포되어 있다. 특히 밀교에 있어서 관음을 불모라고 할 때에는 부처의 깨달음을 도와준다고 하는 의미에서 보살을 불모라고 부르고 있는 것이다.

이러한 예는 『삼국유사』 속에서 보인다. 「남백월이성 노힐부득 달달박박」조에서이다. 노힐부득과 달달박박은 함께 수행하는 두 도반이다. 한 분은 북쪽, 한 분은 남쪽에서 지내고 있었다. 관음의 화현인 아름다운 낭자가 이 두 수행자의 암자를 한밤중에 찾아온다. 달달박박은 하룻밤 재워달라는 청을 거절하지만 노힐부득은 받아들여준다. 자기의 파계를 가져올 지도 모르는 상황에서 낭자를 받아들여준다. 자기보다 중생을 생각하는 보살의 마음에 감동한 낭자는 먼저 노힐부득 그리고 나중에 달달박박까지 성도시켜준다. 이때 이 성도를 도와주는 과정을 낭자의 해산이라고 하는 설화로 그리고 있다. 이 낭자가 본래 관음이라고 하였다. 낭자는 관음의 시현(示現)이었다. 『삼국유사』의 저자 일연(一然, 1206~1289)은 이 낭자의 해산을 불모인 마야부인, 화엄경 53선지식 중의 한 분인 마야부인에 대비시키고 있는 것이다.

준제관음이 불모라고 불릴 수 있음을 살펴보았다. 그러면 준제관음은 어떠한 덕성을 상징하는 보살인가? 준제관음은 '청정'을 상징하는 보살이다. 준제는 '청정'이라는 의미이기 때문이다. 준제관음을 불모라고 했을 때, 청정이야말로 모성(母性)이라고 할 수 있는 것이다. 청정은 다른 무엇이 아니라 우리의 심성이 청정하다는 것이다[自性淸淨心]. 청정은 본래 청정이지 더러움을 지워내고 난 뒤의 청정이 아니다. 본래청정한 불성, 마음은 부처의 마음과 중생의 마음이 둘이 아니다. 그러므로 칠구지불모인 준제보살에게 귀의한다는 것이, 곧 우리 마음 밖의 준제보살에게 귀의한다는 것이 아니다. 청정한 우리의 심성에 귀의하는 것이다. 나무칠구지대준제보살은 이제 귀일(歸一)이며 귀명(歸命)이다. 자기귀의다. 관음과 준제보살이 우리 마음을 여의지 않는 소식이다.

청정한 마음으로 돌아가서 하나가 된 이후 비로소 우리는 법계를 정화할 수 있는 준비를 갖추게 된다. 그때 행해지는 정행(淨行)들이 돈오점수(頓悟漸修)의 점수(漸修)이며 총지행(總持行)이다. 나무칠구지불모대준제보살! 이 정도 되면 호신(護身)은 절로 된다. 그런 줄 알면서도 호신진언을 염송하고 지니는 것이 밀교의 가풍(家風)이다. 밀교 역시 그런 면에서 '존재의 차원[自性門]'과 '현상의 차원[隨相門]'을 동시구족하고 있는 셈이다.

관세음보살의 본심

관세음보살본심미묘육자대명왕진언(觀世音菩薩本心微妙六字

大明王眞言)
"옴 마니 반메 훔"(3번)
관세음보살의 미묘한 본심을 나타낸 대명주의 육자진언
"옴 마니 반메 훔"(3번)

『천수경』은 준제진언을 독송하기 전에 '관세음보살 본심미묘 육자대명왕진언'(이하, '六字眞言'이라고 함)을 독송하도록 편집되어 있다. 앞서『천수경』이 관세음보살을 주인공으로 하는 경이라고 하였는데 관세음보살에 관련되는 대표적 진언으로 천수다라니와 육자진언, 그리고 준제진언을 들 수 있다. 이 중 현재까지 대중들의 신앙생활에 폭넓게 활용되고 있는 것은 천수다라니와 육자진언이다. 이들은 모두『천수경』에서 독립하여 그 자체로서 별행(別行)하여 독송되고 있다.

육자진언은 『대승장엄보왕경(大乘莊嚴寶王經)』에서 설해진다. 이에 따르면 육자진언은 대명(大明, 큰 지혜)이다.『반야심경』에서 반야바라밀이 대명주(大明呪)라고 했을 때와 같은 뜻에서 대명주이다. '옴 마니 반메 훔'은 대명주이다.

이러한 육자진언은 현재 티베트나 우리의 밀교종단들에서 수행의 핵심으로 받아들여지고 있다. 육자진언의 대중화에는 그 진언의 간명성에도 큰 원인이 있었던 것으로 생각된다. 지송(持誦)을 위한 다라니는 분량이 적절하게 길거나, 아니면 아주 짧아야 좋다. 전자에 해당되는 것은 천수다라니이며 후자에 해당되는 것은 육자진언이다.

그러나 육자진언이 널리 지송되는 까닭이 그 분량에 있는 것만은 아니다. 오히려 육자진언의 성격에서 찾아야 할 것 같다. 다라니 중에는 기도, 찬탄, 발원 등의 내용을 담은 다라니가 그 대부분이다. 그러나 이 육자진언은 그렇지 않다. 단도직입적으로 관세음보살의 본심[本地風光]을 드러내 주는 내용이다. 굳이 진언을 글자에 따라서 해석해 보더라도 이 육자진언은 고도의 철학적, 종교적 상징이지 기도문은 아니다.

본지풍광을 드러내는 진언이 길 필요가 없을 것이다. 인도인들은 우주의 모든 진리를 담고 있는 가장 근원적인 소리를 '옴'(OṀ)으로 보고 있는 것이다. 산스크리트어 자모(子母)의 첫글자와 마지막 글자가 합쳐진 AUM이 연성(連聲)되어서 OṀ으로 된 것이다. 이 OṀ에 모든 의미가 총지(總持)되어 있다고 본다. 이렇게 볼 때 육자진언은 참으로 밀교적이라 할 수 있다. 산문적인 의미가 있는 것이 아니기 때문이다.

"옴 마니 반메 훔", 관세음보살의 본심(本心)을 드러내 주는 진언이라고 한다. 그렇다면 관세음보살의 미묘한 본심은 무엇일까? 밀교(密敎)적으로는 이 육자진언에 포함되어 있지만, 현교(顯敎)적으로 대답하면 자비이다. 자비 이외에 관세음보살의 본심이 있을 수 없다. 오직 자비뿐이다. 중생을 제도하고자 하는 마음이 관세음보살의 본심이며 본원(本願)이다.

마니(mani)를 방편, 반메(padme)를 지혜라고 하여 관세음보살의 본심을 방편과 지혜로 보는 경우도 있는 것 같다. 그러나 방편과 지혜 역시, 관세음보살의 경우에는 자비를 실천하고자 할 때 필요하게 되는 이차적인 것으로 보아야 한다. 방편과 지혜는 마음이 아니다. 그것들은 지적(知的)인 차원이지 마음[情意]의 차원은 아니다. 마음과 같은 정의적 차원에 적합한 덕목은 자비뿐이라고 생각된다. 관세음보살의 자비가 깊고 한량없으므로 '미묘(微

妙)'라고 한 것이다. 그래서 우리는 관세음보살을 자비의 어머니라고 불렀던 것이다. 자식들에 대한 한없는 사랑 이외에 우리 어머니의 본심이 또 무엇이겠는가.

 이 육자진언은 관세음보살의 본심을 드러내는 진언이기 때문에 그 효용이 기복적이지 않다. 공리주의적 공덕이 있는 것으로 생각되지 않는다는 말이다. 선에서의 화두와 같은 용도의미(用度意味)가 있는 것으로 생각된다. 이 육자진언의 지송을 통하여 온갖 번뇌가 저절로 사라지며 번뇌의 뿌리였던 한 마음이 맑아지고 밝아져서 깨달음이 드러나게 된다. 한 마음이 맑아지고 밝아지면 모든 삼라만상을 있는 그대로 비추게 되어서 묘한 작용[妙用]이 무궁해진다. 자비가 끝없이 이어진다는 말이다.

 이는 『성관자재구수육자선정(聖觀自在求修六字禪定)』이라는 문헌에서 육자진언에 대한 관상(觀想)을 설하고 있음을 통해서도 알 수 있다. 거기에서는 육자진언이 '기도의 진언'이 아니라 '수행의 진언'이고, '타력(他力)의 진언'이 아니라 '자력(自力)의 진언'이라고 설해져 있는 것이다. 따라서 우리는 이를 통하여 복을 얻으려고 해서는 안 되며—그것은 있다 하더라도 부수적인 것이다—거듭되는 지송을 통해서 관세음보살의 본심에 계합되어 가는 것이 중요하다. 관세음보살의 본심과 우리의 본심이 하나가 되어, 마치 달이 물에 비추는 것[月印於千江]과 같을 때, 우리도 관세음보살처럼 많은 중생들의 고난을 해탈시켜 주게 되리라.

 "옴 마니 반메 훔"(3번)

독송하지 않고서는

나무 사다남 삼먁삼못다 구치남 다냐타
"옴 자례주례 준제 사바하 부림"(3번)
아금지송대준제(我今持誦大准提)
즉발보리광대원(卽發菩提廣大願)
나무 사다남 삼먁삼못다 구치남 다냐타
"옴 자례주례 준제 사바하 부림"(3번)
제가이제 준제주를 지송하오니
보리심과 크나큰원 발하게되며

　이 부분은 전체적으로 '준제주'를 설하고 있다. 그러나 '준제주'가 길게 설해지고 있으며 앞서 정법계진언, 호신진언, 관세음보살 본심미묘육자대명왕진언 등이 설해지고 나서, 이제 여기서 준제주가 설해진다. 바로 "옴 자례 주례 준제 사바하 부림"이 준제주이다. 보리심(菩提心, bodhicitta)을 발[發心]해야 불자라고 할 수 있다. 보리심을 발하지 않은 사람은 진정한 불자라고 할 수 없다. 이것은 다 아는 이야기이다. 그런데 과연 보리심은 무엇이며 또 그것은 어찌해야 발해지는 것일까? 뒤의 문제부터 먼저 대답해본다.
　『천수경』에서는 준제진언을 지니고 독송하는 것이 곧 보리심을 발하는 일이 된다고 했다. 준제주를 시설(施設)하고 난 뒤 그 공덕을 찬탄하면서 준제주 지송(持誦)을 권유하기 위한 구조 속의 이야기이므로 '준제주'라고 했으나 반드시 준제주만일 수는 없다. 어떠한 염불, 어떠한 기도, 어떠한 다라니를 지송하더라도 보리심을 발하는 일이 된다고 이해되는 것이다.

염불 또는 진언을 지송하는 사이에 나도 모르게 내가 갖고 있었던 욕망과 번뇌, 모든 탐욕과 업장들을 내 마음 속에서 비워내게 된다. 이제까지 내 마음은 그와 같은 온갖 잡동사니들로 가득 차 있었다. 한 발 재쳐 디딜 곳조차 없었다. 그런데 염불이나 진언을 하는 순간 어느덧 마음 속의 어둠들은 하나하나 뒷걸음을 치면서 쫓겨가게 된다.

모든 어둠과 번뇌들이 쫓겨가고 난 뒤 내 마음 속에는 아무 것도 남아있지 않게 된다. 무심이다. 무아이다. 그 속에는 오직 '소리'만이 남는다. 텅빈 골짜기의 메아리처럼 소리만이 울리게 된다. 불보살의 명호를 외우는 소리 또는 의미도 알 수 없는 다라니의 소리만이 내 텅빈 마음을 통하여 사방으로 온 우주법계(法界)로 퍼져나간다. 그 소리 속에서 나는 법계와 하나가 된다. 소리 속에서는 기쁨만이 샘솟는다. 내 마음 속은 그 기쁨들로 뜨겁게 충만해진다. 위로 불보살에서부터 아래로 일체 모든 중생들에게 이르기까지 무한히 감사하는 마음이 된다. 우리를 속박해왔던 육체의 병까지도 사라지게 된다. 병은 그 대부분이 마음에서 온다. 전생에 지은 업으로부터 오는 병도 있다고는 하나 그러한 업 역시 마음에서 짓게 되는 것이 아닌가. 마음이 사라져 무심이 되고 업장이 소멸된 그 곳에 무슨 병 따위가 있단 말인가. 본래무일물(本來無一物)이며 본래무일병(本來無一病)이지.

보리심의 정의를 이제 우리는 내릴 수 있게 된다. 속세의 마음이 아닌 마음이 보리심이다. 속세의 번뇌와 업장을 내보낸 뒤의 마음이다. 이때 속세는 공간적 의미의 속세는 아니다. 출세속의 마음이 보리심이다. 이는 번뇌와 업장을 떠나보낸 뒤의 마음을 일컫는다. 이같은 마음을 지니게 되면 그가 공간적으로 속세에 있든, 산중에 있든 하등 문제되지 않는다. 그래서 마음의 출가[心出家]가 중요한 것이다. 마음의 출가야말로 참된 출가이다. 재가 출가를 막론하고 마음의 출가가 없으면 결코 보리심을 발했다고 할 수 없다. 발심한 구도자는 아니다.

이러한 발심은 반드시 수행을 통해서 얻게 된다. 그런데 그 수행과 발심의 연결고리는 '즉(卽)'이라고 표현되어 있다. 무시간성(無時間性)을 나타낸다. 수행과 발심은 동일하다. 이때의 경지는 그냥 애시당초는 아니다. 화엄에서 설해지는 보살의 계위(階位) 중 십주(十住)의 초심(初心)인 초발심주(初發心住)이다. 이러한 발심은 '초발심시변정각'이라고 불린다. 깨달음이다.

보리심을 발하게 되면 나조차 없는 무심이다. 일체의 번뇌와 업장도 없는 것이다. 욕망이 하나도 없으면 살 수 없으리라고 걱정하는 사람이 많다. 그들은 욕망의 충족을 위해서 사는 사람들이다. 그러나 그것이 아니다. 보리심으로 그득 차서 내 마음에 벽이 없고 울타리가 없게 되면 이타적인 원(願)만이 그득해진다. 울타리를 치지 않는 원으로 넘쳐난다. 그래서 광대원이라고 한 것이다.

보리심을 발한 사람은 벽이 없고 울타리가 없는 법계심(法界心)을 소유하고 있으므로 벽이 있고 울타리가 있는 타인의 돌멩이질도 거르지 않는다. 그저 흘러보내고 통과시킨다. 스스로 자유자재함이 그 무엇에도 비유할 수 없는 한도인(閑道人)이다.

이 모든 일이 직접 지송하지 않고서는 되지 않는다. 큰 소리를 내어서 독송해야 한다.

자리이타의 길

원아정혜속원명(願我定慧速圓明)
원아공덕개성취(願我功德皆成就)
원아승복변장엄(願我勝福遍莊嚴)
원공중생성불도(願共衆生成佛道)
어서빨리 선정지혜 함께닦아서
모든공덕 이루기를 발원하옵고
그뛰어난 복덕으로 장엄하오니
모든중생 깨달음을 얻어지이다

 이제 이 발원으로 '준제주'에 대한 부분은 끝난다. 앞서 우리는 준제주의 지송이야말로 무시간적으로 보리심을 발하는 것이며 한없이 넓고 큰 원[廣大願]을 발하는 것임을 확인하였다. 그 광대원의 구체적 내용이 이어서 설해져 있는 것이다.
 정혜를 두렷이 닦아서 공덕을 모두 이루는 것은 진리이다. 자기수행이다. 이때 우리가 간과해서는 안 되는 것은 정혜원명(定慧圓明)은 삼학원명(三學圓明)이라는 점이다. 삼학에서 계가 생략되어 있는 것이 정혜이다. 이는 보조스님이 『정혜결사문』에서 분명히 밝힌 바이다. 계정혜의 약칭으로서 정혜라고 불렀던 것이지만 그렇다고 해서 계학을 망각한다는 것은 애초에 의도하지 않았던 모순이다. 그럼에도 불구하고 정혜라고 약칭함으로써 종종 우리는 계학(戒學)을 망각해왔다. 그 결과 우리는 불교윤리에 대해서 무감각하게 되어버렸다. 오늘 우리 사회나 승가에서의 윤리의 부재(不在)도 그 원인의 일단이 여기에 있는 것으로 생각된다. 이제 계학의 르네상스를 맞이해야 한다.

여기서 생각나는 이야기가 있다. 필자가 『보조전서(普照全書)』의 편집에 참여할 때의 일이다. 보조스님의 저서를 여러 판본을 대조해가며 읽고 있었는데 그 판본들마다 뒤에 그 판각불사(板刻佛事)에 동참한 스님들의 이름이 수십 명씩 적혀 있었다. 그때 법정스님이 말씀하셨다. "옛날 스님들 이름에는 '戒'자가 많이 쓰여졌는데, 요즘에는 거의 쓰이지 않는다"고. 그만큼 계에 대해서는 아무런 의식 없이 살아가고 있는 것이다. 우리들의 윤리적 무감각을 나타내주고 있는 좋은 실례라고 생각되었다.

삼학을 함께 닦음은 자기수행의 길이고 그것은 공덕으로 나타난다. 수행에 의해서 나오는 내면의 향기, 내면의 덕이 공덕이다. 달마가 "공덕이 없다"고 양무제에게 말했을 때 양무제의 불사는 자기수행의 공부는 아니었음을 지적하였다는 해석도 이루어지고 있는 것이다.

여기서 '덕(德)'이라는 말은 중요한 의미를 띠고 있다. 깨달음을 통해 나오는 내면의 향기가 공덕이라고 했을 때나 그 공덕의 외면화인 복[勝福]의 경우에도 덕이 내포되어 있다. 복덕이나 공덕이나 모두 덕을 말하고 있음은 한가지이다.

덕은 깨달음에서 나온다. 그리고 그것은 자연적으로 윤리적인 행위로 실천된다. 따라서 우리가 윤리, 도덕적인 삶을 살아야 한다면 우리의 급선무는 '덕 있는 사람'이 되는 데 있다. 유덕(有德)함이야말로 불교윤리의 핵심이라고 아니할 수 없다. 이 점은 서양의 윤리적 전통과 상반된다. 서양의 경우 오랜 동안 '덕의 윤리(Virtue Ethics)'는 외면되어 왔다. 대신 그들은 윤리적 행위의 기준인 원칙을 세우는 데에 정력을 쏟았던 것이다. 이른바 '원칙의 윤리'이다.

그러나 서양의 전통적 '원칙의 윤리'에 대하여 의문이 제기되었다. 우리가 착한 일을 하지 못하는 것이 무엇이 '착한 일'인지 그 원칙이나 기준을 몰라서인가? 그렇지 않다. 오히려 우리는 왕왕 잘 알고 있으면서도 실천하지 못하는 경우를 겪지 않는가? 그래서 오늘날 서양의 윤리학계에서도 동양의 덕의 윤리를 재평가하고 있음은 앞서 서술한 바 있다.

불교는 덕의 윤리를 설하고 있다. 따라서 불교도는 덕이 있어야 한다. 오늘날 우리 불교도들은 덕이 있는가?

"도덕을 닦지도 아니하면서 의식을 허비하니 비록 출가했다 하나 무슨 덕이 있겠는가?(혹은) 계를 지키는 덕이 없는데도 공연히 신도들의 보시를 받아들이고(『定慧結社文』)"라는 보조스님의 꾸지람에서 자유로울 수 있는가? 내게 무슨 덕이 있는가?

다시 도덕공동체의 결사운동이 일어나야겠다. 그 길이 자리이타(自利利他)로 가는 유일한 길이며 한국불교가 살아날 길이다.

9. 총원(總願)

발원의 힘

> 여래십대발원문(如來十大發願文)
> 원아영리삼악도(願我永離三惡途)
> 원아속단탐진치(願我速斷貪瞋痴)
> **여래십대발원문**
> 삼악도를 영원토록 떠나게하고
> 삼독심을 어서빨리 끊어지이다

　여래십대발원문은 이어서 나올 사홍서원과 함께 총원(總願)을 이룬다. 총원이라는 말은 보편적인 서원을 이름한다. 앞에서도 살핀 바와 같이 보리심과 광대원을 발하지 않으면 진정한 불자라고 할 수 없다.
　중생들은 업의 힘으로 살아간다. 업의 힘은 욕망의 힘이다. 욕망의 힘으로 살아가는 것은 결국 욕망의 영원한 추구와 개인의 서로 다른 욕망들이 충돌하면서 세간은 이른바 '만인에 의한 만인의 투쟁'이 되는 것이다. 정글의 법칙이 지배하는 사회가 된다. 정글 속에는 자비가 없으며 무자비한 약육강식이 있을 뿐이다.
　욕망의 근저에는 이처럼 '나'가 자리잡고 있다. '나의' 욕망이지, 남을 위한 욕망인 것은 아니다. 따라서 욕망을 버리고 욕망을 초월하는 것은 '나'를 버리는 일이 된다. 무아가 되는 것이고 공(空)이 되는 것이다.

중생들은 업과 욕망의 힘으로 이 세상을 살아간다지만 무아, 공에 도달하고 나면 무슨 힘으로 이 세상을 살아갈까? 불교는 언제나 먼저 무아, 공에 이르러야 한다고 강조한다. 그런데 거기에 이르고 나면 필연적으로 무상하다. 무상은 현실 존재에 대한 냉엄한 인식이지만 감정적인 뉘앙스를 띠고 있음도 사실인 것 같다. 무상을 깊이 인식한 자가 삶을 포기하지 않고 보다 적극적인 자비행, 보살행을 행해야 한다면 그에게 남아 있는 것은 무엇이며 그 힘은 어디에서 오는 것일까?

무아, 공, 무상은 텅 비어 있음이다. 텅 비어 있으나 그 텅 빈 속에 원(願)의 메아리가 울려퍼진다. 원의 힘으로 그는 살아간다. 이타행을 행할 수 있다. 무아, 공, 무상의 텅 비어 있음은 무주상(無住相)이며 원의 실천은 보시[보살행]이다. 무주상보시가 이렇게 해서 가능한 것이다. 무상한 속에서 무상을 넘어서 자비행, 이타행을 행할 수 있는 힘은 무주상에서 찾아질 수밖에 없다. 여기에서 우리는 닦음[修]의 문제와 직면한다.

깨달음이 이루어진 뒤에 자비행, 이타행은 저절로 발현된다. 보조스님이 "먼저 정혜를 닦아라[先修定慧]"고 한 까닭도 바로 그것이다. 이처럼 보시보다 무주상에 더 많은 강조를 하게 된다. 이 때문에 때로는 불교에 사회윤리가 있는가 하는 오해를 받게 되지만 그렇지 않다. 분명히 보시로 대변되는 사회윤리적 실천이 『금강경』에서 시설되고 있는 것이다. 그것도 그 출발점에서 미리부터 발원을 하고 있다.

서원과 발원의 위상은 이와 같다. 이러한 발원을 모든 부처님들은 열 가지로 크게 정리하고 있다. 첫째, 삼악도를 떠나는 길. 둘째, 탐진치 삼독심을 끊는 길. 이들은 이른바 지악(止惡)이다. 다시 불보살이 삼악도로 들어감은 원의 힘에 의해서지만 먼저 삼악도에 가게 되지 않도록 업과 욕망은 초월해 있어야 하는 것이다. 탐진치 삼독을 끊는다는 것도 무주상의 차원에서는 끊음이 없이 끊는 것[無斷而斷]이다. 이것이 참다운 끊음이다.

무주상이 가능해지기 위해서는 깨달아야 한다. 따라서 깨닫기 이전의 닦음을 한 꺼풀 벗겨보면 거기에는 전부 '나'가 자리하고 있기 때문에 참다운 닦음이 아니다. 그러므로 먼저 깨침을 강조한다. 그것이 돈오점수이다. 깨치고 나서 닦는 닦음[先悟後修]이 돈오점수이다. 돈오점수야말로 깨달음을 강조한다. 다만 깨달음이 깨달음으로 끝나서는 아니되고 닦음으로 이어져야 하고 그 닦음 속에서 현실과 대중을 만나고 자비를 실천해야 함을 말하고 있을 뿐이다.

닦음이 없고 자비의 실천이 없는 깨달음은 진정한 깨달음이 아니다. 그 예를 우리는 붓다에게서 볼 수 있지 않은가. 붓다가 악마의 유혹에 따라서 설법을 하지 않고 열반에 들었다면 그같은 깨달음과 열반이 무슨 의미가 있단 말인가? 다행히 붓다는 악마의 유혹을 거부했으며 자비의 실천으로서 교화의 길로 나선 것이다. 깨달음 이후에 닦음으로 이어져야 함을 붓다 스스로 보이고 있는 것이다. 이렇게 볼 때 닦음과 교화는 둘이 아닌 것이다.

발원과 십우도

원아상문불법승(願我常聞佛法僧)
원아근수계정혜(願我勤修戒定慧)
원아항수제불학(願我恒隨諸佛學)
원아불퇴보리심(願我不退菩提心)
불법승을 언제나　친근히하며
계정혜를 부지런히 닦고닦아서
부처님을 수행하며 법문배우고
보리심을 잃지않기 원하옵니다

　여래십대발원문의 구조를 살펴보면, '지악→발심→왕생→제도'로 이루어져 있다. 원아영리삼악도와 원아속단탐진치는 지악(止惡)을 가리키며, 오늘 독송하고 공부하는 네 가지 원은 발심으로 귀결된다고 보아 좋을 것이다. 불법승 삼보를 친근히 하며, 계정혜 삼학을 닦으며, 모든 부처님을 따라서 배우는 이러한 닦음은 모두 보리심에 머물러 물러나지 않기 위해서이다.
　앞의 '준제주'에서 우리는 보리심과 광대원을 발하였다. 발심은 이어져야 한다. 환경의 변화에 상관없이 지속되어야 진정한 발심이라고 할 수 있다. 그리고 발심 이후에 행해지는 모든 닦음은 발심의 뿌리를 부처님의 땅[佛地]에 더욱 더 깊이 뿌리를 내리게 해주는 행위들이다.
　그리고 다음에 나오는 마지막 네 가지 원은 아미타의 정토에 왕생하고 다시 온갖 국토에 두루 몸을 나투어서 일체중생을 제도하는 그러한 과정을 발원의 형태로 제시하고 있는 것이다. 그러면서 '부처님의 열 가지 큰 원'이라고 이름하고 있다. 이 열 가지 원을 여래의 원이라고 한 까닭은 모든 부처님의 가르침이 이 열 가지 원에 집약되어 있기 때문이다.

'지악→발심→왕생→제도'라고 하는 구조는 비록 그것이 정토신앙의 틀 위에서 시설된 것이기는 하지만, '발심〔尋牛〕→자기완성〔人牛俱忘〕→동사섭〔入鄽垂手〕'이라고 하는 선불교의 『십우도』(廓庵 作)와 구조적으로 동일함을 볼 수 있는 것이다. 알기 쉽게 이를 도표로 그려보면 다음과 같다.

A. 발원문의 구조

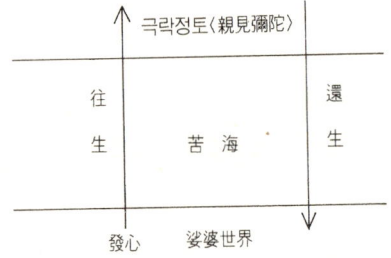

B. 십우도의 구조

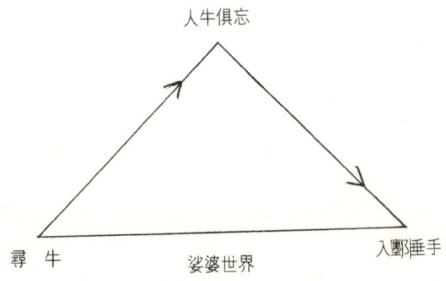

양자의 차이는 『십우도』와는 달리 발원문이 발심 이전에 지악(止惡)을 시설하고 있으며 『십우도』가 현실 내에서 모든 것이 이루어짐에 대하여 발원문은 내생으로 그 시간이 확대된다는 점이다. 그것은 자력과 타력의 차이라고 생각된다.

『십우도』에 있어서 자기완성의 극치는 제8도 인우구망(人牛俱忘, 참나와 참나를 찾는 자와의 분별이 사라지고 하나가 된 경지, 色卽是空)인데 이는 제8원 친견미타(親見彌陀)에 해당되고, 제9도 반본환원(返本還源, 참나를 찾고 나니 그 참나는 바로 지금의 나가 아닌가, 봄을 찾아 헤매다 집에 와보니 우리집 마당 복숭아나무에서 복사꽃이 피고 있음을 발견하는 경지)은 제9원 원아분신변진찰에, 제10도 입전수수(참나의 깨달음만으로 멈추는 것이 아니라 그를 바탕으로 현실 속에서 제도중생하는 단계. 空卽是色, 眞空妙有의 경지)는 제10원 원아광도제중생에 다름 아니다.

많은 사람들이 의문을 갖는다. "선이나 정토 수행 등은 자리(自利)일 뿐 그것이 어떻게 대승이라고 할 수 있는가?"라는 질문을 필자는 학생들로부터 수없이 받는다. 그리고 그것은 대개 서양종교나 문화에 많은 영향을 입을수록 쉽게 갖게 되는 편견임을 알았다. 학자들 사이에도 그같은 시각에서 논문을 쓰는 경우를 본다. 그에 대한 대답이 바로 이 여래십대발원문이며 선의 『십우도』이다. 이들 속에는 자리와 이타, 자각(自覺)과 각타(覺他)가 함께 존재한다. 앞에서도 여러 번 이야기했지만 여기서 자리가 이타보다 앞에, 자각이 각타보다 앞에 위치하는 것은 논리적 선후관계를 나타낸다. 그것은 반드시 시간적 선후관계일 수는 없을 것이다. 극락에 가기 전에도 우리는 보살행과 동사섭(同事攝)을 할 수 있으며 자기공부와 이타행을 겸할 수 있기 때문이다. 그러나 논리적으로는 진정한 보살행을 하려면 그 이전에 왕생이나 선적인 깨달음이 있어야 한다고 말하는 것이다.

삼보에 대한 친근(親近), 삼학의 근수(勤修), 제불(諸佛)에의 수학(隨學), 보리심에서의 불퇴전 중에서 여기서는 '제불에의 수학'만을 간략히 설명하기로 한다. 다른 것들은 앞서 설명했거나 앞으로 부연될 기회가 있을 것이기 때문이다.

불교에서 말하는 '배움[佛學]'은 학문이 아니다. 근대적, 서양적 의미에서의 학문(Science, Wissenschaft)이 아니라는 의미이다. 근대적, 서양적 의미의 학문은 이론이지만 결코 불학의 학은 이론이 아니다. 실천이나 신앙이 배제된 차원에서의 이론이 아니다. 그 구체적 예로써 삼학을 살펴보자. 계학, 정학, 혜학이 계에 대한 이론, 정에 대한 이론, 혜에 대한 이론인가? 결코 아니다. 그것은 단순한 이론이 아니다. 계에 대한 지적 이해를 포함하지만 그것을 뛰어넘어 실천까지도 포함하는 의미에서의 계학이다. 정학과 혜학 역시 마찬가지이다. 그리고 '법문' 역시 이론적 배움의 대상은 아닌 것이다. 실천적인 선, 정토, 진언의 송주 등이 모두 법문인 것이다.

따라서 불교는 불학이며 불법이고 불도인 것이다[佛敎=佛學=佛法=佛道]. 따라서 불교적 의미에서는 '교=학=법=도'인 것이다. 불학은 구도와 실천과 신앙이 하나가 된 그런 배움이다. 그런 까닭에 불교는 본질적으로 선과 교가 하나[禪敎一致]이며 선과 교를 함께 닦아야[禪敎兼修] 하며, 선과 보살행이 하나[禪行雙修]일 수밖에 없는 것이다.

결코 불학을 이론으로만 생각해서는 안 된다. 그때 불학의 생명은 죽는다. 선가(禪家)에서 불립문자를 내세운 까닭이, 보조스님이 문자법사(文字法師)를 꾸짖으며 "강사(講師, 교학자)가 선을 배우지 않음을 한탄한다"고 말씀한 것도 이론으로서의 불학을 부정한 것에 다름 아니다. 불학의 학이 이론이 될 때 불교학의 소외, 불교학의 위기를 가져올 것이다. 그리고 불교학이 소외되고 위기에 빠질 때 불교가 소외되고 위기에 빠질 것이다.

가는 자와 오는 자

원아결정생안양(願我決定生安養)
원아속견아미타(願我速見阿彌陀)
원아분신변진찰(願我分身遍塵刹)
원아광도제중생(願我廣度諸衆生)
안양국에 태어나기 틀림없으며
아미타불 속히뵙기 원하옵니다
온누리에 몸을나퉈 두루다니며
모든중생 널리제도 원하옵니다

'지악→발심→왕생→제도'의 발원구조에서 볼 때 오늘 우리가 독송하는 이 게송은 '왕생→제도'에 해당된다. 왕생→제도로 발원의 구조가 귀결된다는 점은 이 '여래십대발원문'이 정토신앙에 근거하고 있음을 나타내는 것이다.

자력신앙에서는 깨달음이 자기완성의 길이지만 타력신앙에서는 서방정토 극락세계에 왕생하는 것이 자기완성의 길이 된다. 그 정토의 다른 이름이 바로 안양(安養)이다. 안양국토에 왕생하여 아미타부처님을 뵙고 아미타부처님으로부터 수기(授記)를 받는다. 안양에 왕생한다는 것은 십지설(十地說)에서 보면 제8지 부동지(不動地)가 된다. 불퇴전지(不退轉地, avivartika)이다. 이제 더 이상의 혼돈과 방황, 후퇴는 없다. 그러므로 성불에 이르는 데는 시간만이 남아 있지 아무런 장애가 없는 것이다.

정토에 왕생한다는 신앙은 이행도(易行道)이다. 정토왕생이 이행도라고 하지만 우리가 견지해야 하는 것은 결정코 안양국에 태어나겠다는 발원이 있어야 한다는 점이다. 이 발원을 발심이라고도 한다.

여기서 '결정'이라는 말에 주의를 기울여야 한다. '결정'은 확정적인 신앙을 말하는 것이지, 긴가민가 하면서 '믿어서 손해될 것은 없겠지' 하는 우유부단한 믿음이 아니다. 극락이 있고 거기에 아미타부처님이 계시며 우리가 '나무아미타불'을 염불하기만 하면 내생에는 극락에 왕생할 수 있음을 결정적으로 확신하는 것을 말한다. 이러한 결정신(決定信)이 없으면 왕생은 불가능해진다.

극락에 왕생하는 것으로 정토신앙은 끝나지 않는다. 가는 까닭은 오기 위해서이다. 가기만 하고 올 줄 모른다면 그것은 소승에 지나지 않는다. 갔으면 되돌아와야 한다. 가는 것은 왕생, 오는 것은 환생이다. 정토교학에서는 가는 것을 왕상(往相)이라 하고 오는 것을 환상(還相)이라고 한다.

극락에 가서 아미타부처님을 뵙고 수기를 얻고 나서 곧 성불하게 된다. 성불할 수밖에 없는 환경이 극락의 환경이다. 그래서 성불하고 나면 우리에게는 오히려 많은 일이 기다리고 있다. 범부의 일이 아니라 보살의 일이 남아 있는 것이다. 부처가 다시 보살이 된다. 그는 온 사바세계 구석구석 아니 오시는 곳 없이 두루 그의 몸을 나툰다. 법당 속의 금빛 부처로만 오지 않고 저자거리의 먼지를 뒤집어쓴 우리의 이웃으로도 나타난다. 불보살의 동진행(同塵行)이 바로 그것이다. 스스로의 빛을 누그러뜨리고 티끌과 하나가 된다[和光同塵].

아미타부처님의 분신이 관세음보살이다. 아미타부처님의 좌보처이면서 현실 중생세계의 구세자이며 시무외자(施無畏者)이다. 그러한 관세음보살이 바로 이 『천수경』의 관세음보살이다. 여래십대발원문은 중생십대발원문이기도 하다. 우리 중생이 여래가 될 중생이기 때문이다. 가자, 그리고 오자. 가는 이여 가는 이여 저기 가는 이여, 저기 함께 가는 이여 어서 오소서. 사바하.

끝이 없는 길

발사홍서원(發四弘誓願)
중생무변서원도(衆生無邊誓願度)
번뇌무진서원단(煩惱無盡誓願斷)
법문무량서원학(法門無量誓願學)
불도무상서원성(佛道無上誓願成)
발사홍서원
가이없는 중생을　모두건지고

다함없는 번뇌를　모두끊으며
한량없는 법문을　모두배우고
위없는　깨달음을 모두이루리

　모든 부처님의 수많은 원과 모든 보살님들의 끝이 없는 원은 네 가지 큰 서원으로 포섭된다. 거두어들이면 사홍서원이 되고 펼쳐놓으면 팔만사천의 무량한 원이 된다. 그래서 우리들 불자는 이 네 가지 원을 언제나 가슴 속에 지니고 행할 것을 법회때마다 부처님과 약속[誓願]하는 것이다.
　불교의 궁극적 목적은 자기 한 몸의 성불에 있는 것이 아니다. 성불보다 더 큰 원이 있다. 그것은 바로 제도중생이다. 끝이 없는 중생들을 다 제도하자는 데에 불교의 본래면목(本來面目)이 있다. 끝없는 중생이 다 제도된다는 것은 모든 중생들이 전부 부처가 되는 것을 말하며 사바세계가 그대로 불국토가 된다는 것을 의미한다. 거기에는 다시 중생이니 부처니 하는 개념이 없다[畢竟無佛及衆生]. 부처와 중생이 따로 없는 세상, 그것이 불교의 궁극적 목적이다. 그래서 불도무상서원성보다 중생무변서원도가 앞에 오는 것이다.
　중생은 왜 끝이 없는가? 끝없는 중생을 어떻게 해야 제도할 수 있단 말인가? 중생의 번뇌가 끝이 없으므로 중생이 끝이 없고 중생의 세계가 끝이 없다. 문제는 번뇌에 있는 것이다. "번뇌를 끊는 것은 소승이며 번뇌가 생하지 않음이 대열반이다"라고 남양혜충(南陽慧忠, ?~774)스님은 말씀하셨다. 아직 번뇌가 있고 번뇌를 끊음이 있다고 한다면 소승인 것이다. 그러나 그것이 나의 번뇌로 국한되지 않고 일체중생의 번뇌를 문제삼는 것으로 확대된다면 대승행(大乘行)이 될 수 있다.

번뇌는 병이다. 마음 속의 병이다. 이 마음 속의 병은 컴퓨터 단층촬영으로도 나타나지 않고 신경외과의 의학박사도 알 수 없는 병이다. 물질과 육체만이 의학의 대상이다. 그러나 물질과 육체만이 전부는 아니다. 그 밖에 그것들의 뿌리인 마음의 병은 수행으로 조복(調伏)받아야 하는 것이다. 그것이 번뇌를 끊는 길이다.

스스로 자기 번뇌를 끊을 수 있다면 더 이상 말할 나위 없지만 그렇지 못하는 것이 중생이다. 그래서 약이 필요하다. 그 약이 법문이다. 부처님의 말씀, 스님의 조언, 염불, 참선, 천수다라니의 지송이다. 중생의 병이, 중생의 번뇌가 끝이 없으므로 그를 다스리는 약 또한 한량없다. 법문무량(法門無量)이다. 때로는 '이리로 가야 하나 저리로 가야 하나' 혼돈될 지경이다. 무량은 양적 개념이 아니다. 횡적으로 보다는 종적 차원에서 무한이라는 편이 더 옳을 것같다. 여기서 배움은 단순히 지식의 습득만이 아니라 실천의 의미까지도 지니고 있는 것이다.

이를 통해서 우리는 깨달음에 이른다. 그러나 그것이 깨달음은 아니다. 깨달음은 번뇌가 그렇듯이 그 뿌리가 없고 형체가 없다. 그러므로 얻음이나 이룸의 대상은 결코 아니다. '얻겠다' 또는 '이루겠다'는 표현은 우리의 서원을 표현하는 것에 다름 아니며 그저 있는 것[存在]일 뿐이다. 그리고 그 있음은 끝없이 새로워지는 것이다. 우리가 깨달음에 이르렀다면 다시 그 깨달음은 저만큼 달아난다. 그것은 끝이 없는 길이다. 그러나 가야만 하는 길이다.

이러한 깨달음에 대한 우리의 이해가 깨달음의 가능성을 부정하는 것으로 들려서는 아니된다. 깨달음은 분명 가능하다. 그러나 그러한 깨달음을 대상화시키거나 객관화시켜서는 아니된다. 주체적인 입장에 설 때 깨달음 그 자체는 결코 "나는 깨달았다"라는 표현을 용납하지 않는다. 다시 더 한 걸음 나아가야 한다. 위없는 깨달음[佛道無上]은 최고의 깨달음이 아니라 이처럼 깨달음의 무한성을 의미하는 것으로 생각된다. 나 안에 있는 깨달음, 그것은 언제나 나와 함께 하지만 내가 붙잡아서 보여줄 수는 없는 것이다. 스스로 체험하고 깨달아갈 뿐이다.

이렇게 생각하면 깨달음은 언제나 닦음을 배제시키지 않는다. 깨달음의 무한성은 닦음의 영원성을 부른다. 영원한 구도자, 영원한 수도자일 뿐이다. 그래서 석가모니 부처님 이후 우리는 그 누구도 — 달마도 육조도 임제도 보조도 — "큰스님"이라고는 할 지언정 부처님이라고 하지는 않는다.

깨달음은 말해질 수 없다. 참 위험하다. 겨우 우리는 깨달음에 대해서 말할 수 있을 뿐이다. 그러나 '~에 대해서'(about)는 '~을'(on)이 아니다. 그래서 우리 스스로 고백하고 서원할 뿐이다.

한량없는 법문을 모두배우고
위없는   깨달음을 모두이루리

법문무량서원학(法門無量誓願學)
불도무상서원성(佛道無上誓願成)

너 자신을 알라

자성중생서원도(自性衆生誓願度)
자성번뇌서원단(自性煩惱誓願斷)
자성법문서원학(自性法門誓願學)
자성불도서원성(自性佛道誓願成)
마음속의 중생을   모두건지고
마음속의 번뇌를   모두끊으며
마음속의 법문을   모두배우고
마음속의 깨달음을 모두이루리

    소크라테스는 그리스 어느 신전의 신탁으로 인해서 철학적 개오(開悟)를 얻는다. 그 신탁은 다음과 같았다. "너 자신을 알라." 소크라테스는 자기 자신을 알기 위해서 스스로를 되살펴 보았다. 그러자 거기에는 놀랍게도 무지(無知)한 자기가 있는 것이 아닌가. 이른바 무지의 지(知)이다.
    똑같은 '너 자신을 알라'는 말이 기독교인에게는 죄많은 자기를 알라는 말이 되고, 힌두교도에게는 기쁨(ānanda)으로 가득찬 자기를 알라는 말이 된다. 그렇다면 '너 자신을 알라'는 이 말은 불교도에게는 어떤 의미로 다가오는 것일까?
    그 해답이 여기의 사홍서원에서 제시된다. 앞서 우리는 법회 때마다 노래를 통하여 부처님앞에서 약속하는 사홍서원의 의미를 살펴보았다. 끝이 없는 중생, 끝이 없는 번뇌, 끝이 없는 법문, 그리고 끝이 없는 깨달음을 마침내 다 제도하고 끊고 배우고 또 이루겠다는 약속이었다. 거기에서는 중생과 깨달음, 번뇌와 법문(法門)은 어디에 있는 것으로 설정되었을까? 중생이 어디에 있기에 제도하고 번뇌는 어디에 있기에 끊는다는 것일까?

앞의 사홍서원을 우리는 '수상문(隨相門, 현실의 차원)의 사홍서원'으로 부르고, 지금 여기서 설해지는 사홍서원은 '자성문(自性門, 존재의 차원)의 사홍서원'으로 부르고자 한다. 그것들은 서로 차원을 달리한다. 수상문에서는 중생도 깨달음도 마음 밖에 있는 것으로 번뇌와 법문 역시 마음 밖에서 주어지는 것으로 이해된다. 그런데 정말 그럴까? 여기서 우리는 처음에 제기한 질문에 대한 대답을 내려야 할 것같다.

'너 자신을 알라'라는 말이 우리 불교도에게는 중생이면서 부처인 자기를 알라는 의미가 된다. 불교에서의 나는 부처이면서 중생인 나이다. 불교인간학(Buddhist Anthrophology)의 대전제가 바로 이것이다. 중생도 부처도 자기 속에 있다. 자기 속에 있는 중생이고 자기 속에 있는 부처이다. 따라서 중생의 번뇌도 자기 속에 있고 그 번뇌를 다스리는 약도 자기 속에 있는 것이다. 여기서 자기는 자성(自性)이며 일심(一心)이고 진심(眞心)이다. 『화엄경』에서 "마음과 부처, 중생이 다르지 않다"고 한 것도 바로 이러한 맥락에서이다.

중생도 부처도 우리 마음 속에 있다고 한다면 우리가 해야 할 일은 바로 정해진다. 우리 마음 속을 살펴보는 일이다. 눈을 우리의 내면세계로 돌려야 한다. 이러한 관찰을 통하여 우리 스스로를 보다 분명하게 바라보면 볼수록 거기에는 오직 부처만이 있음을 알게 된다. 우리 스스로 부처임을 발견하는 것[見性]이다. 중생인 나는 그 깊은 마음 속에서는 사라지고 오직 부처인 나만이 남는다. 이처럼 밖[相]으로 향하는 우리의 눈을 안[性]으로 향하도록 하는 것이 선(禪)이다. 이 자성문의 사홍서원이 『육조단경』을 그 출전으로 갖는 까닭도 바로 그러한 이유에서이다.

　우리는 여기에서 반성해 보아야겠다. 우리의 신앙이나 견해가 이들 자성문과 수상문의 어느 한쪽에만 집착하여 있는 것은 아닐까? 자성문의 입장, 즉 번뇌가 곧 보리이며 중생이 곧 부처라고 한다면 상견(常見)에 떨어진다. 그 반대로 번뇌와 보리는 다르고 중생이 곧 부처일 수는 없다고 집착한다면 단견(斷見)에 떨어지게 된다. 그러므로 자성문과 수상문의 이문(二門)은 함께 닦아야 하는 것이다.

　수상문의 사홍서원을 먼저 세운 경우에는 자성문의 사홍서원까지 나아가야 하며 자성문의 사홍서원을 먼저 세운 경우에도 수상문의 사홍서원까지 포섭해야 한다. 그것이 초기불교 이래의 전통인 중도(中道)의 이치에도 부합되는 것이다. 이러한 중도를 이론과 실천 속에서 두루 포섭하고 있는 것이 보조선(普照禪)이며 우리가 독송하는 『천수경』이다. 이 점이 필자의 『천수경이야기』에서 보조선의 맥락을 강조할 수 있는 논리적 이유가 된 것임을 밝혀둔다.

10. 총귀의(總歸依)

그러므로 귀의하옵니다

발원이 귀명례삼보(發願已 歸命禮三寶)
"나무상주시방불(南無常住十方佛)
나무상주시방법(南無常住十方法)
나무상주시방승(南無常住十方僧)"(3번)
발원이 귀명례삼보
"나무상주시방불
　나무상주시방법
　　나무상주시방승"(3번)

　불교는 자기로부터 시작하지만 자기에서 끝나지 않는다. 자기를 무한히 확대하여 온누리 시방(十方) 속으로 자기를 흩어지게 한다. 무아(無我)이며 무심(無心)이다. 자기를 온누리 시방 속으로 흩어버리는 것은 온누리 모든 중생들에게 자기를 나누어주라는 말씀이다. 이것이『천수경』의 가르침이며, 관세음보살의 말씀이다.
　불교는 온누리 중생에게로 돌아가는 가르침이기 때문에 모든 경의 마지막에 발원이 있고 모든 법회의 마지막에 발원을 한다.

발원이 바로 회향(廻向)이기도 하다. 우리는 이제 별원(別願)도 총원(總願)도 다 발하였다. 부처님과 한 우리들의 약속은 이제 그 실천만 남겨놓고 있을 뿐이다. 그러나 그 실천 이전에 우리가 해야 할 일이 아직 하나 남아 있다. 그 남아 있는 한 가지 일을 실천에 앞서 행하는 일이야말로 미래의 실천에 추진력을 가져다 줄 것이다. 그 남아 있는 한 가지 일은 과연 무엇일까?

오늘 독송한 이 '총귀의'는 『천수경』의 마지막이다. 우리들의 이야기도 마지막에 접어들었다. 여기에 이르러 우리 천수행자들은 무엇을 느끼고 있을까? 경전은 사실 이야기하는 사람 손에 달려있는 것이라고 할 수 없다. 경전 그 자체가 부처님 말씀인데 이야기하는 사람의 뜻풀이가 어찌 부처님 말씀에 비유될 수 있을 것인가. 『천수경』의 마지막에 이르러 우리는 무엇을 느끼고 있을까. 참으로 『천수경』이 좋은 경전임을, 참으로 부처님 가르침이 훌륭함에 뭐라고 말할 수 없이 감사함을 느끼고 있지 않는가.

저 앞에 '개경'에서 읽은 개경게(開經偈)의 말씀이 여기에 이르러 비로소 피부에 와 닿을 것이다.

위없이   높고깊은 부처님법
영원속에 다행히   만났사오니

무상심심미묘법(無上甚深微妙法)
백천만겁난조우(百千萬劫難遭遇)

영원을 흐른대도 만나기 어려운 진리를 만났으니 얼마나 감사한 일인가. 희유한 일이 아닐 수 없다. 그것은 차라리 눈먼 거북이가 썩은 나무토막의 구멍에 머리를 들이미는 것[盲龜遇木]보다 더 어렵다고 해야 옳다. 그러므로 감사드리는 마음이 저절로 샘솟는다. 마냥 부처님께 엎드려서 절을 드리고 싶다. 우리가 불자라는 사실이, 법왕의 자식[法王子]이라는 사실이, 천수행자라는 사실이 얼마나 다행한 일인가.

『천수경』은 이론을 위해서 읽고 이야기하는 것이 아니다. 그래서는 아니된다. 『천수경』을 저 강 건너 세워놓고 이쪽 언덕에 서서 관찰하거나 해명하는 것이어서는 경을 읽는 올바른 태도라고 할 수 없다. 『천수경』 속에 들어가 하나가 되어서 주체적으로 읽어야 한다. 관세음보살의 말씀을 자기 마음에 비추면서 읽어야 한다. 우리가 그렇게 강의하고 그렇게 읽었다고 한다면 여기에 이르러 눈물로써 감사하지 않을 수 없다.

하염없는 감사, 끝없는 감사의 염(念)이 믿음의 고백으로 이어진다. 감사의 마음에서 생긴 믿음은 목숨을 바쳐서 의지하고자 하는 귀의[歸命]가 된다. 보통 법회에서 삼귀의를 처음에 하는 것과는 달리 『천수경』에서는 마지막에 위치하는 까닭이 여기 있다. '그러므로' 귀의한다는 것을 나타내주는 것이다. 귀의[믿음]는 때로 목숨보다 영원을 택한다. 이 한 생애만을 사는 것이 아니라 삼세(三世)를 살고자 한다. 윤회를 의식하며 역사적 삶을 사는 것이다. 그래서 순교(殉敎)가 가능해진다.

그렇다면 부처님께 귀의한다는 것은 어떻게 하는 것일까? 귀의불(歸依佛)은 염불(念佛)이다. 부처님을 언제나 염하는 것을 말한다. 입으로 부르는 것[呼佛]만이 아니라 마음 속으로도 언제나 부처님 생각으로 가득한 것을 말한다. 자기 마음 속에 부처님을 염하고 사는 사람은 언제나 밝게 웃으며 산다. 부처님이 빛이고 밝음이기 때문이다.

어떻게 사는 것이 진리에 귀의한 삶일까? 귀의법(歸依法)은 진리대로[如法] 사는 것을 말한다. 다른 사람은 어떻게 살든지 나만은 진리대로, 부처님의 말씀대로 살아야겠다는 실존적이고 윤리적인 결단을 말한다. 설사 그 결과 남들보다 못살고 남들보다 손해를 본다 하더라도 말이다. 이것이 불살생(不殺生)의 또 다른 의미이며 보살의 열린 마음이다.

'귀의승(歸依僧)'의 '승'은 적어도 초기의 율장에 의하면 출가중(出家衆)을 의미함은 분명하다. 그러나 중요한 것은 '승가'가 개인이 아니라 '승가공동체'를 의미한다는 사실이다. 우정과 자비의 공동체, 화합과 도덕의 공동체에 귀의하는 것이다. 거룩한 승가공동체를 존중[尊僧]하는 삶이 귀의승이다. 승가가 우정과 자비의 공동체, 화합과 도덕의 공동체일 수 있을 때 우리의 귀의 역시 온전한 것일 수 있으리라.

천수경의 비밀

맺는 이야기

천수경은 어려운가

'알고 독송하라'는 이야기를 할 때 우리에게 요청되는 것은 알기 쉽게 경전의 의미를 풀이해 주어야 한다는 것이다. 필자는 여기서 우리가 늘 독송해오던 『천수경』을 쉽게 풀이하고자 하였다. 과연 의도대로 쉬웠는지, 아니면 여전히 어려웠는지는 독자들의 판단에 맡겨야 할 것같다. 다만 『천수경』 강의를 마감하면서 우리가 부처님 가르침을 어떻게 대해야 할 것인지 함께 생각해 보고자 한다.

'불교는 어렵다' 또는 '불교책은 쉬워야 한다'는 이야기를 많이 듣는다. 불교서적을 소개할 때면 늘 '어렵지 않을까요?'라는 질문을 받게 된다. 부처님 말씀을 쉽게 전해야 한다는 데 대해서는 아무런 이의가 없다. 알기 쉽게 전해야 한다는 원칙이야말로 석가모니 부처님께서 몸소 모범을 보이신 '근기에 맞는 설법[隨機說法]'의 원칙과 부합하기 때문이다. 현실 속을 살아가는 대중들의 호흡과 욕망에 맞추어서 가르침을 설해야 옳다.

그러나 부처님의 가르침을 대하는 중생들 편에서 '어렵다'고 말해도 되는 것일까? 그렇게 할 수 없다. 해서는 아니된다. 쉽게 쓰고 쉽게 전하고자 노력해야 한다는 것은 말하는 자[說法者]의 책임이지, 듣는 자[聽法者]의 권리는 아니다. 청법자는 그 가르침을 올바로 이해하기 위해서 자기 스스로의 노력을 다해야 한다. 그런데 오늘날 독자들은 스스로의 노력은 외면한 채 그저 '쉬운 것'만을 요구하고 있는 것이다.

　저희이제 듣고보고 수지하여서(我今聞見得受持)
　부처님의 참뜻을　알아지이다(願解如來眞實義).

　이 '개경게'에서 '여래의 진실한 뜻 알고자 하나이다'라고 약속 했을 때 그것은 우리 마음 속의 희망사항이었을까, 감나무 밑에서 감 떨어지기만 바라는 것처럼. 그게 아니다. 부처님의 참된 뜻을 알고자 적극적으로 노력하겠다는 약속인 것이다. 그럴진대 우리는 부처님의 위없이 높고 한없이 미묘한 진리[無上甚深微妙法]를 '어렵다'고 판정, 스스로의 적극적인 노력 없이 후퇴하는 일이 옳을 수는 없다. 쉬운 책이 없기 때문에 어쩔 수 없는 일이라고 용인되어서도 아니된다. 위없이 높고 한없이 미묘한 진리가 어찌 반드시 쉽기만 하겠는가.
　그렇다면 어떻게 듣고 보고 수지해야 하는가? 부처님 가르침을 어떻게 대하는 것이 진리를 추구하는 자[求道者, 聽法者]의 올바른 태도인가? 너무 어렵다고 생각하거나 너무 쉽다고 지레 짐작해서는 아니된다. 너무 어렵다고 생각하면 물러나게 되고 너무 쉽게 생각하면 가벼이 여긴다. 너무 어렵다고 생각하면 스스로 위축되고 너무 쉽게 생각하면 스스로 교만해진다. 스스로 위축되어서도 아니되고 스스로 교만해서도 아니된다[不自屈不自高].
　근래에는 너무 어렵다는 생각[懸崖想]이 팽배해 있다. 그렇게 어렵게만 생각하는 것은 마치 절벽 아래서 "아이구, 저 높은 절벽을 내가 어떻게 오르나?"라고 하는 것과 같다. 후퇴로 이끄는 생각이다. 마음을 비우라는 말은 여기에도 타당하다. 쉽다느니 어렵다느니 하는 생각을 모두 버리고 텅빈 마음으로 듣고 보아야 한다. 의심나는 바가 있으면 사전을 찾고 참고서적을 더 읽어야 한다. 그래도 풀리지 않을 때는 선지식을 찾아가서 여쭈어야 한다. 선재동자가 그렇게 여쭙고 다닌 것이 아닌가.

사실 '어렵다'는 이야기는 지적(知的)으로 어렵다는 이야기이다. 과연 지적으로 불교를 이해하는 일이 어려운가? 그렇지 않다. 지적으로는 누구나 알 수 있다. 그것은 백락천(白樂天, 772~846)과 도림선사의 대화가 잘 보여주고 있지 않는가. 유명한 문학자이자 재상인 백락천이 도림선사를 찾아갔다. 그리고 불교가 무엇이냐고 물었다. 이에 대하여 도림선사는 백락천의 기대와는 달리『법구경』에 나오는 너무나 유명한 잘 아는 게송(偈頌)을 말해주고 만다.

나쁜 일 하지 말고
착한 일 힘써 행하라
스스로 마음을 깨끗이 하는 것
모든 부처님의 가르침이네

제악막작(諸惡莫作)
중선봉행(衆善奉行)
자정기심(自淨其心)
시제불교(是諸佛敎)

칠불통계게(七佛通誡偈)라고도 하는 이 게송을 듣고난 백락천이 콧방귀를 뀌면서 하는 말, "세 살 먹은 어린애도 아는 이야기

군요." 지적으로는 다 아는 이야기, 쉽게 알 수 있는 이야기라는 것이다. 그렇다. 그러나 도림선사는 그러한 지적 이해의 용이성을 수긍하면서도 백락천을, 아니 우리를 지적 영역에서 해방하여 실천의 영역으로 이끌고 간다. "세 살 먹은 어린애도 알 수는 있지만 팔십 먹은 노인들도 실천하기는 어렵지."

그렇다면 우리가 어려운 것은 무엇이라고 해야 옳은가? 깨달음과 실천이 어렵다고 해야 한다. 그것이 어렵지 지적으로 아는 것이 어려운 것은 아니다. 그런데 우리는 지금까지 계속 지적인 차원 안에서 맴돌면서 '불교가 어렵다'고 투덜댄 것이다. 그것은 진리를 추구하는 사람의 올바른 자세라고 볼 수 없다. 오히려 문제는 실천에 있는 것이다.

그런 까닭에 모든 경전의 마지막은 "믿고 받아지니고 힘써 행하라[信受奉行]"는 부처님의 유촉(遺囑)으로 이루어져 있는 것이다. 『천수경』에서는 그같은 법문이 겉으로 드러나 있지 않으나 예외없이 설해지고 있는 것으로 보아야 한다. 이제 우리 앞에는 『천수경』의 가르침을 아는 것이 문제가 아니라 실천하는 일이 숙제로 남아 있는 것이다. 다 함께 힘써 행해야겠다.

　태산이 높다 하되 하늘 아래 뫼이로다
　오르고 또 오르면 못 오를 리 없건마는
　사람이 제 아니 오르고 뫼만 높다 하더라

제2부 『천수경이야기 보강』

'원본 『천수경』'과의 관계

　『천수경이야기』는 말 그대로 『천수경』에 대한 강의이다. 물론, 이때의 『천수경』은 당연히 현재 우리가 절에서나 가정에서 아침 저녁으로 독송하고 있는 경전을 가리킨다. 그 본문을 하나하나 해설해 간 것이 『천수경이야기』이다. 그것뿐이었다.
　그런데 현재 우리가 가장 많이 인용하는 신수대장경(=『大正藏)의 밀교부에는 천수다라니를 담고 있는 경전과 의궤(儀軌)가 적지 않게 등장하고 있다. 그 중에 우리의 『천수경』과 가장 깊은 관련을 갖고 있는 것은 다음 두 가지다.

　　① 『천수천안관자재보살광대원만무애대비심대다라니경』(가범달마 번역, 『대정장』 No.1060)
　　② 『천수천안관세음보살대비심다라니』(불공 번역, 『대정장』 No.1064.)

　천수다라니가 이들 경전 속에 등장된다면, 당연히 갖게 되는 의문은 이들과 현재 우리가 독송하는 『천수경』 사이에 어떤 관계가 성립하는가 하는 점일 것이다. 『천수경이야기』의 초판에서는 내 공부가 이러한 문제를 설정할 수 있는 데까지는 미치지 못하였다. 여기서 바로 그러한 점을 보완해 보고자 한다.

먼저 이들 경전과 현재의 『천수경』을 비교해 보면, 공히 천수다라니가 등장한다는 점 외에 ①에서는 십원육향을 설하는 별원 부분(나무대비관세음~자득대지혜)이 천수다라니를 설하기 전에 등장하고 있으며, ②에서는 천수다라니를 설하기 전에 계청 부분(계수관음대비주~소원종심실원만)이 등장하고 있음을 알 수 있게 된다. 그러니 양자 간에는 깊은 상관관계가 있는 것이다. ①과 ②와 같은 『천수경』이 먼저 존재했으나, 어떤 필요성에 의해서 현재 우리가 독송하는 『천수경』이 성립하게 되었던 것으로 추정해 볼 수 있다. 물론, 그 필요성은 천수다라니의 독송을 좀더 편리하게 하자는 데 있는 것으로 판단된다.

『천수경이야기』 이후, 나는 몇 편의 논문을 발표하는 과정에서 이들 양자를 구분하여 생각할 필요가 있음을 느꼈다. 그래서 ①과 ②와 같이 대장경 안에 존재하는 『천수경』을 '원본『천수경』'이라 부르고 우리가 현재 독송하는 『천수경』을 '독송용『천수경』'이라 구분하여 불러오고 있다. 따라서 『천수경이야기』는 사실상 '독송용『천수경』'에 대한 이야기/강의였던 셈이다.

이렇게 '독송용『천수경』' 뒤에/먼저 '원본『천수경』'이 존재했었다고 한다면, 당연히 어떤 과정을 거쳐서 '원본『천수경』'으로부터 '독송용『천수경』'으로 나아갔는가 하는 점을 해명하는 것이 중요하게 된다. 그러나, 여기서는 이에 대한 상론을 생략할 수밖에 없다. 그 점에 대해서는 장차 펴내게 될 논문집 『천수경의 새로운 연구』속에 수록될 「원본 천수경과 독송용 천수경의 대비」(『불교학보』제40집, 2003)라는 논문에서 다루고 있으므로 거기로 미룰 수밖에 없다. 다만, 여기서는 '원본『천수경』' 그 자체에 대해서 한두 가지 언급해 두고자 한다.

①의 '원본『천수경』'을 살펴볼 때, 놀랍게도 그 안에서 다시 성립의 시기가 다른 두 부분이 함께 존재하고 있음을 알 수 있었다. 그 증거는 다음과 같은 문장이다.

관세음보살이 이러한 다라니를 설하고 나자, 대지는 여섯 가지로 변화하여 진동하였고, 하늘에서는 보배꽃이 휘날리며 어지러이 내렸으며, 시방의 모든 부처님들이 모두 환희하였고, 천마(天魔)와 외도는 두려워하여 털이 곤두섰으며, 모든 회중(會衆)들이 모두 과증(果證)을 얻었던 것이니, 혹은 수다원과를 얻었거나, 혹은 사다함과를 얻었고, 혹은 아나함과를 얻었거나, 혹은 아라한과를 얻었으며, 혹은 초지·이지·삼지·사지·오지 내지 십지를 얻었으며, 무량한 중생이 보리심을 발하였다.(pp.107c-108a)

이 부분은 대승경전의 말미를 연상시키지 않는가. 그래서 나는 여기서 ①이 두 부분으로 나누어지는 것으로 판단하였다. 실제 ②의 경우에는 이 부분이 바로 유통분이 되어 있다. 따라서 나는 이 부분까지를 '고본(古本)『천수경』'이라 부르고, 이 이후 부분을 후대에 부가된 '부가 부분'으로 부른다.

우리의 '독송용『천수경』'과 관련 있는 것은 모두 '고본『천수경』' 속에 존재한다. 그렇지만 그 중심은 어디까지나 천수다라니일 수밖에 없다. ② 속에 존재하는 계청이나 ① 속에 존재하는 별원은 공히 천수다라니를 독송하기 전에 행하는 기도문과 발원문인 것으로 보았다. 그렇게 '고본『천수경』' 자체에서 이미 '기도 → 다라니 독송', 혹은 '발원 → 다라니 독송'으로 이루어진 의례적인 부분을 담고 있었던 것이다. 그럼에도 불구하고 다시금 우리 한국불교에서는 '독송용 『천수경』'을 창작/편집하지 않을 수 없었던 이유는 무엇일까? '원본 『천수경』' 자체에 의례적 부분이 있다고 하지만, 나머지 다른 부분이 너무나 잡다하게 많이 혼재되어 있으므로 천수다라니 독송을 위해서 그러한 부분까지 다 읽어야 한다는 것은 불편하게 생각되었기 때문이리라. 그리하여 '고본 『천수경』' 중에서 천수다라니와 그를 독송하기 위한 의례로서 요구되는 기도문으로서의 계청 부분이나 발원 부분만을 따로이 추출한 뒤, 기타 부분을 앞뒤에 배열하여 새롭게 '독송용 『천수경』'을 편집하게 된 것으로 나는 추정한다.

　이렇게 이해하게 될 때, 다시 논의되어야 할 문제가 바로 '독송용 『천수경』'의 성격문제이다. 이에 대해서 『천수경이야기』 초판은 위경(僞經)으로 보는 관점이 존재함을 소개하면서 그에 대해서 "위경이 아니다"라고 반론하였다. 그러나, 그것뿐이었다. 위경이 아니라면 어떤 성격의 텍스트로 보아야 할 것인지에 대해서는 언급할 수 없었던 것이다. 그런데, 근래 나는 위에서 말한 바와 같이 '원본 『천수경』'에 비추어서 볼 때 '독송용 『천수경』'이 독송을 위한 의례용 경전이라는 점을 주목함으로써 '독송용 『천수경』'은 밀교에 있어서 다라니 독송과 같은 수법(修法)을 행하기 위해서 편집된 의식문, 즉 의궤(儀軌)로 이해할 수 있었다.

　중국이나 일본에서는 경전에 나오는 다라니를 단순히 그대로 추출하기만 하여 독송할 뿐임에 비추어 볼 때, 우리 한국불교에서는 다라니를 중심으로 하면서도 그 전후에 다른 부분을 첨가하여 독자적인 의궤를 창출할 수 있었다는 것은 높이 평가받아야 할 것으로 생각된다. 우리 불교의 창조적 역량이 유감없이 발휘된 것으로 자랑하지 아니할 수 없는 업적이라 나는 생각하고 있다.

『천수경』 신행운동의 발원문

　『천수경이야기』의 출판(1992) 이후, 나는 『천수경』에 대해서 많은 강의를 하였다. 그때마다 반드시 의상스님의 『백화도량발원문(白華道場發願文)』에 대한 이야기로부터 시작해 오고 있다. 그것은 『백화도량발원문』 속에 천수경 신행의 시작과 끝이 담겨져 있는 것으로 생각하고 있기 때문이다. 또 하나의 이유는 바로 『천수경이야기』 속에서 충분히 그 중요성을 역설하지 못해왔기 때문이다. 전혀 이야기하지 않은 것은 아니지만, 다만 '독송용 『천수경』'의 성립과 관련해서 잠깐 언급하고 지날 뿐이었다.
　이제 십수 년의 세월이 흘러서, 이렇게 『천수경이야기 보강(補講)』이라는 형식으로나마 『천수경』과 『백화도량발원문』의 관계를 간략히 밝혀두기로 한다. (『백화도량발원문』과 관련한 여러 가지 문제를 자세히 해명한 것으로 졸저, 『관음신앙의 이해와 실천』, 동국대 출판부간, 제3부 참조.)
　『백화도량발원문』은 『천수경의 비밀』(2005)에 수록할 때만 하더라도, 원문의 2군데가 결락(缺落)되어 있었다. 즉 원문의 내용 중에서 알 수 없는 부분이 2군데 있었다는 이야기다. 그래서 그렇게 잃어버렸음을 표시하기 위하여 〔……〕를 넣어주었던 것이다.
  그런데 참으로 다행스럽게도 근래 이 결락된 부분을 알 수 있게 되었다. (이에 대한 자세한 사정과 그 번역 등에 대해서는 졸고, 「백화도량발원문의 이해에 대한 성찰-결락된 부분의 복원에 즈음하여-」, 『한국사상사학』제42집, 한국사상사학회, 2012, pp.65-104, 참조.) 이에 완벽한『백화도량발원문』의 우리말 옮김을 제시할 수 있게 되었다. (밑줄 그은 부분이 종래 잃어버렸던 부분이다.)

백화도량발원문(白華道場發願文)

의상(義相, 625-702) 지음

머리 숙여 귀의하옵고
저희 스승 관세음보살님의 대원경지(大圓鏡智)를 우러르며
제자의 성정본각(性靜本覺)을 관찰하옵니다.
한가지로 근본이 같으므로 청정하며 밝아서
시방세계에 두루하오나 확연히 텅 비었으니
중생이라 부처라 할 모습이 따로 없고,
귀의의 주체니 대상이니 부를 것이 없습니다.
이렇게 이미 밝고 깨끗하지만 비춤에 어긋남이 없으니,
삼라만상 가운데 몰록 나타나십니다.
저희 스승의 수월장엄(水月莊嚴) 및 다함없는 상호와
제자의 헛된 몸과 유루(有漏)의 형체 사이에는
의보와 정보, 정토와 예토, 즐거움과 괴로움이 같지 않습니다.

<u>그러나 모두 같은 대원경지를 떠나지 않습니다.</u>
관세음보살님의 거울 속 제자의 몸으로
제자의 거울 속 관세음보살님께 귀명정례(歸命頂禮)하여
진실한 발원의 말씀을 사뢰오니 가피를 바랍니다.
오직 원하옵나니
제자는 세세생생 관세음보살님을 염하며
스승으로 모시겠습니다.
관세음보살이 아미타부처님을 정대(頂戴)함과 같이
제자 역시 관세음보살님을 정대하여
십원육향(十願六向), 천수천안과 대자대비는 관세음보살님과 같아지며
몸을 버리는 이 세상과 새몸 얻는 저 세상에서
머무는 곳곳마다 그림자가 물체를 따르듯이
언제나 설법하심을 듣고 교화를 돕겠습니다.
널리 온누리 모든 이웃들에게
대비주(大悲呪)를 외게 하고
관세음보살님을 염송케 하여
다함께 원통삼매(圓通三昧)에 들게 하소서.
또한 관세음보살님께 원하옵나니
이 목숨 다할 때는 밝은 빛을 놓아 맞아 주시오며
모든 두려움을 떠나서 몸과 마음이 쾌활하고
찰나에 백화도량(白華道場)에 왕생하여
여러 보살과 정법을 함께 듣고 진리의 흐름에 들어
생각생각 더욱 밝아져 부처님의 무생법인(無生法忍)을 발하게 하소서.
모든 원을 발하며
관자재보살마하살께 귀명정례하옵니다.

이 『백화도량발원문』을 읽어보면 누구라도 이 발원문이 관음신앙의 발원문임을 쉽게 짐작할 수 있을 것이다. 천수천안 관세음보살 신앙과 관련된다는 것 역시 본문에서 분명하게 나타나 있는 것이다. "십원육향(十願六向), 천수천안, 대자대비"와 "대비주"는 모두 『천수경』에 등장하는 바 그대로가 아닌가. 후자에서 "대비주"는 곧 천수다라니를 가리키는 것임은 두말 할 나위 없다. 다시 전자에서, 십원육향은 별원을 의미하는 것으로 발원을 나타낸다. 그리고 천수천안과 대자대비 역시 제각각 관세음보살님의 위신력과 마음을 나타내는 것이다. 따라서 "십원육향(十願六向), 천수천안, 대자대비가 관세음보살님과 같아지며"라는 것은 발원에 있어서나, 위신력에 있어서나, 또 마음에 있어서나 공히 관세음보살님과 같아지겠다는 염원에 다름 아니다. 여기서 나는 관음신앙의 또 다른 유형 하나를 확인하게 된다. "관세음보살과 같아지며"라는 것은 곧 관세음보살 되기운동으로서의 관음신앙을 말하고 있는 것으로 보고자 한다.

그런데, 저자라고 하는 의상스님은 신라 화엄종의 창시자가 아닌가. 그렇다면, 이 『백화도량발원문』을 매개로 화엄사상과 천수관음신앙이 만나고 있음을 알게 된다. "언제나 설법하심을 듣고 교화를 돕겠습니다"라는 구절은 『화엄경』 입법계품에 나타난 선재동자와 관음의 관계를 상기케 한다. 선재는 관음에게 법을 묻고서는 그 설법을 듣는 자이다. 즉 제자이다. 따라서 『백화도량발원문』에서 의상스님이 관세음보살을 스승이라 부르고, 우리 중생들을 제자라고 부르는 것은 예사롭지 않다. 관음과 우리의 관계는 구제자와 피구제자의 관계라기보다는 스승과 제자의 관계인 것이다. 이러한 의미는 주목될 필요가 있다고 본다. (종래, 나의 번역에서 이 '제자'를 '저희'라고 옮긴 경우가 없지 않았는데, 그렇게 되면 그 의미가 잘 드러나지 않는 문제가 있다. 여기서와 같이 고치기로 한다.)

제자는 스승의 설법을 들으면서 스승으로 성장해 가지만, 무엇보다 중요한 점은 스승의 일을 도와드리는 것이다. "교화를 돕겠습니다"라는 구절이 바로 그것이다. 나는 이 구절을 만나서 큰 충격을 받지 않을 수 없었다. 하늘과 땅이 뒤바뀌는 경천동지(驚天動地)의 체험이었다. 종래에 우리는 늘 관세음보살님께 무엇인가 원하기만 했는데, 도와달라기만 했는데, 여기서는 오히려 우리가 관세음보살님을 도와드려야 한다는 것이 나타나 있기 때문이다. 이를 나는 관음신앙의 또 다른 유형의 하나로 평가한다. 정히 관세음보살 돕기 운동으로서의 관음신앙을 의미하는 것으로 판단되기 때문이다.

여기서 의상스님은 『천수경』의 관음신앙을 화엄경적으로 해석해서 되살려 낸다. 이미 천수천안이며 대자대비인 관세음보살이므로 당연히 중생제도의 관음일지나, 그러한 관음에게 우리마저 의지하고 도와달라고 하기보다는 그러한 관음처럼 우리도 이웃들에게 천수천안을 베풀고 대자대비를 베풀자고 하는 발원이야말로 기실 『천수경』 안의 천수천안 관세음보살에게 갖추어져 있는 것일 터이다. 『천수경이야기』를 다시 읽어보더라도, 그러한 점을 역설한 바가 없지는 않았다. 다만, 그것을 『백화도량발원문』과 관련시키지 못하고 있었다는 한계와 부족함이 있었던 것이다. 그렇게 부족한 채 14년이나 읽혀왔으니, 송구한 일이다.

'독송용 『천수경』'의 과목론(科目論)

불교의 전통적인 교학에서는 경전에 대한 다양한 해석방식들을 고안해 내었다. 그 중에 하나로 '과목(科目)'이라는 것이 있다. 과목은 하나의 책/텍스트를 분류해 가면서 이해하는 방식을 말한다. 이렇게 과목을 나누는 것을 과분(科分) 혹은 과판(科判)이라고도 한다. 물론, 근대의 불교학이 성립되면서 이러한 과목 나누기는 거의 사라져 버린다. 그 가장 큰 이유는 과목 나누기라고 하는 작업에서 보여지는 전체와 부분, 종합과 분석을 온전히 행할 수 없도록 하는 한계를 근대적 학문방법론이 갖고 있다는 점이다. 그것은 부분에 대한 분석 일변도를 지향하고 있기 때문이다.

그런데 나는 이미 졸저 『불교해석학 연구』(민족사, 2009, pp.84-97, 참조.)에서 언급한 것처럼, 과목 나누기라고 하는 전통적 불교학의 방법론에는 이미 전체와 부분, 종합과 분석을 아우르고 있음을 지적한 바 있다. 뿐만 아니라, 더욱 중요한 점은 과목 나누기에는 하나의 책/텍스트를 해석하는 해석자의 안목이나 철학적 관점이 제시되어 있다는 것이다. 따라서, 어떤 하나의 과목은 반드시 그렇게 나눈 사람 자신의 철학적 /해석학적 관점을 드러내는 것으로서 평가되어야 한다. 법에는 주인이 없지만, 그 법을 이해하는 방식에는 주인이 있을 수밖에 없다. 모든 과목에는 반드시 과주(科主)가 있는 이유이다.(따라서 이하에 제시하는 나의 과목을 다른 분들이 그대로 쓰고자 한다면, 그것이 바로 누구의 과목인지 밝힘으로써 '인용'의 형식을 취하여야 한다. 그렇지 않는/못하는 경우에는 바로 '표절'이 되는 것이다. 이러한 기본적 상식이 지켜지지 않는다면 매우 슬픈 일이 아니겠는가.)

이제 『천수경이야기』를 신문에 연재하던 당시(1991)부터 현재(2005)까지 '독송용『천수경』'이라는 작은 책에 대해서 내 자신의 이해가 어떻게 심화되어 왔는지, 내가 설정한 세 가지의 과목을 제시하면서 설명하기로 한다.

첫째, 천수십문(千手十門)으로 나누어 볼 수 있다. 과목 나누기의 역사에 있어서 가장 보편적으로 널리 유행된 것은 바로 서분(序分), 정종분(正宗分), 그리고 유통분(流通分)으로 나누는 방식이다. 당연히 그런 관점에서 '독송용『천수경』'을 구분하고자 시도해 보았으나, 불가능한 것처럼 보였다. 그 이유는 '독송용『천수경』'이 천수다라니를 수지독송하기 위하여 편집된 의궤라고 한다면, 다라니 부분이 정종분이 되어야 마땅할 것이다. 문제는 그렇게 하고 나면 그 앞부분은 모두 서분이 되어야 하고, 뒷부분은 모두 유통분이 되어야 한다. 그렇게 넓은 범위에 걸쳐서 서분과 유통분을 설정해도 좋을 것인가? 아무래도 부자연스런 것으로 보인다. 그래서 삼분설(三分說)을 포기하고 부분적인 내용 하나하나에 대하여 살펴보았더니, 다음과 같은 열 부분으로 구성되어 있었던 것이다. 이 과목을 천수십문으로 부른다.

① 개경(開經) : 「정구업진언」~「개법장진언」
② 계청(啓請) : 경제(經題)~소원종심실원만
③ 별원(別願) : 십원육향(나무대비관세음~자득대지혜)
④ 별귀의(別歸依) 혹은 소청(召請) : 나무관세음보살마하살 ~나무본사아미타불
⑤ 다라니(陀羅尼) : 「신묘장구대다라니」
⑥ 찬탄(讚歎) : 「사방찬」과 「도량찬」
⑦ 참회(懺悔) : 「참회게」~「참회진언」
⑧ 준제주(准提呪) : 준제공덕취~원공중생성불도
⑨ 총원(總願) : 「여래십대발원문」과 「발사홍서원」
⑩ 총귀의(總歸依) : 나무상주시방불~나무상주시방승

　이 과목은 『천수경이야기』 초판(1992) 당시부터 제시되어 있다. 그런데, 여기에도 달라진 점이 하나 있다. 사실, 앞의 과목 중 '④ 별귀의(別歸依)'였던 것을 개정판부터는 '④ 별귀의(別歸依) 혹은 소청(召請)'이라 고쳤는데, 본론의 풀이에서는 여전히 '4. 별귀의'라고 둘 수밖에 없었다. 지면을 늘리고 페이지를 고치지 않는 한, 무슨 이유에서 '혹은 소청'이라는 것을 덧보태었는지 설명할 수 있는 지면상의 공간이 허락되지 않았기 때문이다. 이제 여기서 그 이유를 간략히 서술해 둔다.
　물론, 부처님과 보살님 한 분 한 분의 명호를 부르고 있다는 점에서 별귀의라고 해서 틀리는 것은 아니다. 그런데, 거기에는 또 다른 의미가 있음을 발견할 수 있었는데 그 실마리는 다음과 같은 「도량찬」 속에 숨어있었던 것이다.

도량이　　청정하여　티끌없어야
삼보와　　천룡들이　함께하시며
저희이제　묘한진언　지송하오면
자비로써　비밀히　　가호하시네.

이 「도량찬」은 '엄정도량(嚴淨道場) → 불보살에 대한 소청(召請) → 다라니 독송 → 가피 획득'이라고 하는 기도의 순서를 나타내고 있는 것으로 파악된다. "저희이제 묘한진언 지송하오면"을 ⑤ 다라니 부분의 수지독송으로 본다면, 그 앞 구절 "삼보와 천룡들이 함께하시며"는 다라니 독송 전에 삼보와 천룡들을 청해 모시는 부분이 된다. 물론, 그 이전의 "도량이 청정하여 티끌없어야"는 이른바 엄정도량이 되는 것이다. 이런 관점을 그대로 '독송용『천수경』'에 대입시켜 본다면, "삼보와 천룡들이 함께 하시며"에 해당되는 부분은 종래 ④ 별귀의(別歸依)라고 판단한 부분이다. 별귀의라고 해도 틀리는 것은 아니지만, 의례용 텍스트 안에서 그것이 담당하는 역할은 불보살을 청하여 모시는 '소청'이라는 의미도 겸하여 갖고 있음을 알게 된 것이다.

둘째, 삼분오단(三分五段)으로 나누어 볼 수 있다. 『천수경이야기』를 강의하던 어느 날, 섬광(閃光)과 같이 서분·정종분·유통분으로 삼분(三分)하는 것도 가능하다는 사실이 내 머리를 때렸다. 그 결과를 다음과 같이 나타낼 수 있다.

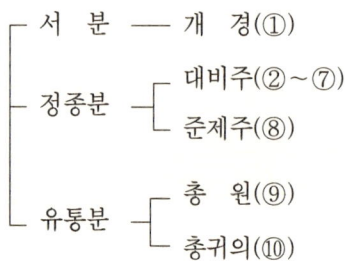

　여기까지는 개정판에서 반영할 수 있었다. 무엇보다도 주목해야 할 것은, 동일한 텍스트/책에 대해서 또 다른 과목이 제시된다고 하는 사실이 주는 의미를 읽어내야 한다는 점이다. 이러한 삼분오단은 천수십문에서는 파악해 내기 어려운 특징들을 우리에게 전해주고 있다. 우선, '독송용『천수경』'은 대비주와 준제주의 독송을 위해서 편집된 것임을 말해주고 있다는 점이다. 특히, 천수십문에서는 충분히 부각될 수 없었던 준제주(⑧) 부분이 이 삼분오단에서는 또 하나의 중심으로서 드러나 있다.
　그런데, 이것만으로는 삼분오단에서의 주된 특성을 이루는 준제주(⑧)를 더욱 세분할 수 있다는 점이 드러나지 않는다. 그래서 정종분을 다음과 같이 좀더 세분화해 보았다. 이제 여기서 그 전모를 제시하면 다음과 같이 된다.

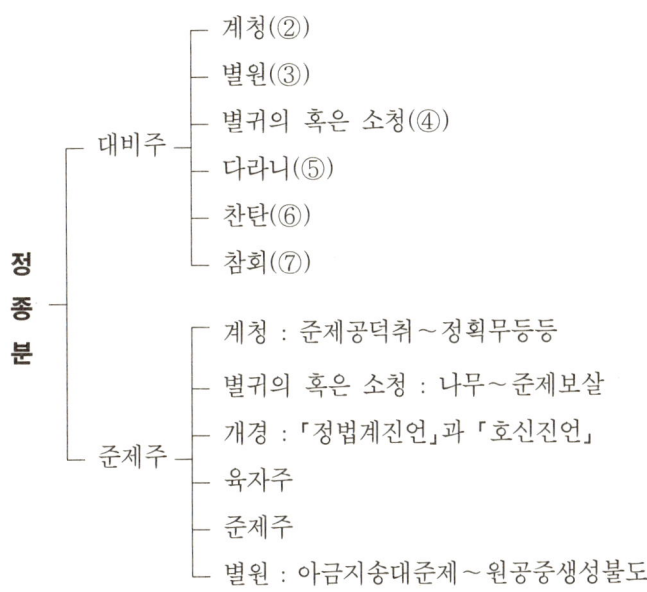

　이를 통해서 우리가 알 수 있는 것은 '대비주' 부분과 '준제주' 부분이 서로 비슷한 내용들을 갖고 있다는 것이 그 첫째이다. 양자는 공히 그 자체만으로 마치 하나의 의궤(儀軌)인 것처럼 구성되어 있다는 점이다. 둘째는 '준제주' 부분에서 육자주가 함께 편집되어 있다는 점이다. 이는 적어도 '독송용『천수경』' 안에서는 육자주보다 준제주가 더욱 중심적인 위상을 차지하고 있음을 나타내는 것이다.
　셋째, 오회반복(五回反復)으로 나누어 볼 수 있다. '독송용『천수경』' 전체에서 다섯 번에 걸친 반복이 행해지는 것으로 보았다. 먼저, 과목 나누기를 도표로서 제시한 뒤에 간략한 설명을 보태기로 하자.

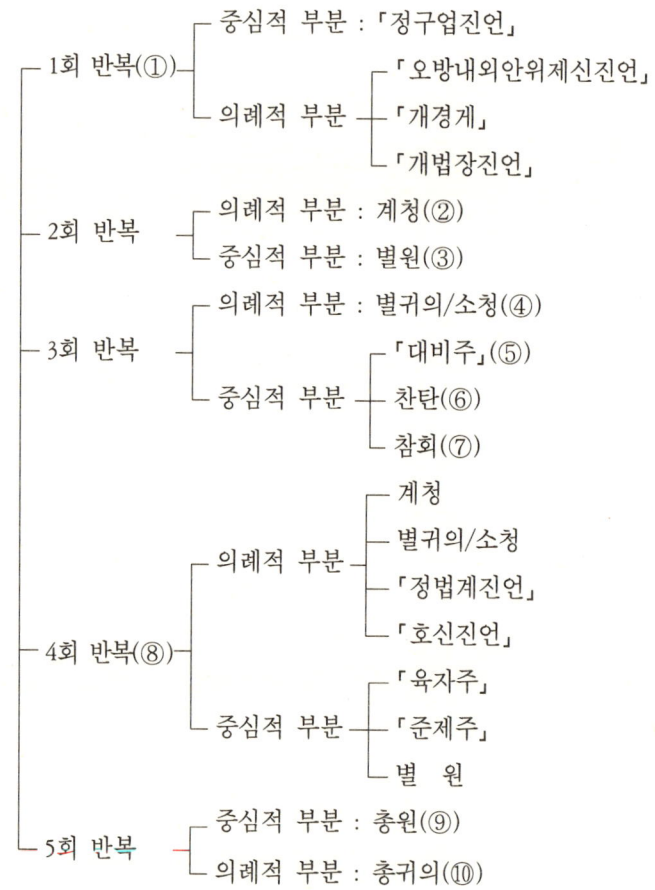

 이렇게 나눌 수 있게 된 배경은 '독송용 『천수경』'이 진언수행론과 관련된다는 점에 착안한 결과이다. 특히 진언수행을 다라니 그 자체의 지송으로서의 진언수행(제1의 진언수행) 이외에 일상에서의 청정한 언어생활 역시 진언이 된다(제2의 진언수행)고 보

는 나의 관점(졸고,「독송용 천수경의 언어적 재해석과 그 적용」, 『천수경의 새로운 연구』, 민족사, 2006, 참조.)에 따라서 이들 두 차원의 진언수행과 관련된 부분은 중심적 부분으로 설정하고, 그렇지 않은 부분은 중심적 부분을 수행하기 위하여 필요했던 의례적 부분으로 설정하는 방식이다. 이렇게 하나의 텍스트/책 안에서 중심적 부분과 의례적 부분을 나누어 보는 해석학적 방법론은 베다라고 하는 인도의 원전을 해석하는 방식을 인도의 미망사(Mīmāṁsā) 학파에서 개발한 것이다. 그로부터 힌트를 얻어서 '독송용『천수경』'을 새롭게 살펴볼 수 있었다.

다시 오회반복의 과목으로 돌아가서, 좀더 살펴보기로 하자. 우선, 중심적 부분에 해당되는 진언수행과 연관되는 부분은 송주(誦呪, 정구업진언, 대비주, 육자주, 준제주), 발원, 찬탄, 참회의 네 가지다. 송주로서의 중심적 부분을 이루는 네 가지 진언 중에서「정구업진언」은 그 뒤의 세 진언, 즉「대비주」·「육자주」·「준제주」와는 다른 위상을 갖는다. 앞의 삼분오단의 과목에서는「대비주」와「준제주(육자주 포함)」를 독송하기 편하도록 편집한 것이 '독송용『천수경』' 성립의 목적임을 드러내 보여 주었다. 그러나, 이제 오회반복에서는「정구업진언」이 갖는 독자적 의미가 크게 부각되어 온다. 청정한 언어생활 그 자체가 곧 진언이라고 하는 점을 이러한 과목 나누기가 뒷받침해 주고 있는 셈이다.

비록 '독송용『천수경』'이 짧은 의궤이지만, 이렇게도 볼 수 있고 저렇게도 볼 수 있다는 점에서 재미를 준다. 또한 다양한 해석과 과목 나누기가 가능하다는 것은 그만큼 열려있는 텍스트임을 반증하고 있다 하겠다. 앞으로도 또 다른 과목 나누기가 나올 가능성은 얼마든지 남아 있는 것으로 믿는다.(나 이외에 '독송용『천수경』'에 대한 의미있는 과목 나누기를 제시한 것은 허일범이다. 그의 밀교적 삼단설/三壇說의 내용에 대해서는 동의하지 않지만, 우리의 과목 나누기를 다시 한번 되돌아보게 하는 데에 나름대로 큰 의미를 지닌다고 본다. 그의 삼단설을 나 자신의 과목에 다시 적용시킬 수 있음을 가르쳐 주었기 때문이다. 이에 대한 자세한 논의는 졸고, 「원본 천수경과 독송용 천수경의 대비」, 『천수경의 새로운 연구』 민족사, 2006, pp.71-77, 참조.).

준제주와 『현밀원통성불심요집(顯密圓通成佛心要集)』

앞에서 살펴본 '독송용『천수경』'의 과목 중 둘째, 삼분오단이 갖는 의미는 ⑧ 준제주 부분에 주의를 기울이도록 하였다는 점에 있었다. 그 결과 '원본『천수경』' 자체는 대비주에 대한 수지독송을 강조하고 있을 뿐 준제주에 대해서는 설하지 않고 있음과는 달리, '독송용『천수경』'에서는 ⑧ 준제주 부분이 덧보태어져 있음을 알 수 있게 하였다. 이는 '독송용『천수경』'이라고 하는 의궤 찬술의 과정에서 출현된 또 하나의 창의적 성과라고 할 수 있을 것이다.

그렇지만, 천수십문으로만 나누어 보았을 뿐인『천수경이야기』에서 이러한 의미가 제대로 파악되기 어려웠던 것은 당연했으리라. 얼마의 시간이 흐른 뒤에서야, 나는 '독송용『천수경』'의 신행과 매우 관련이 깊은 중요한 텍스트의 하나에『현밀원통성불심요집(顯密圓通成佛心要集)』이 있음을 알 수 있었다. (『천수경』신행에 중요한 텍스트는 ⓐ '원본『천수경』'류의 경전과 의궤, ⓑ 중국 천태종의 四明知禮가 찬술한 참법의례서인『천수안대비심주행법(千手眼大悲心呪行法)』, ⓒ 의상의『백화도량발원문』과 그에 대한 주석서인 體元의『백화도량발원문약해』, ⓓ 그리고 일본에서 저술된 천수경 주석서 3종 등이 있다. 이 중에 ⓑ는 법성, 『천 손 천 눈의 인식과 사랑』에 번역되어 있으며, ⓒ는 졸저 『관음신앙의 이해와 실천』 제3부 참조. ⓓ에 대해서는 아직 손도 못 대고 있다.)

『현밀원통성불심요집』은 요(遼)나라 때 오대산 금하사(金河寺)에서 살았던 도신의 저술로서 상·하 2권으로 이루어져 있다. 제목에 드러나 있는 것처럼, 도신은 현교와 밀교를 원융하게 회통함으로써 성불의 핵심을 밝히고자 하였다. 이때 그가 말하는 현교의 대표[顯圓]는 화엄이며, 밀교의 대표[密圓]는 준제주이다. 이 책의 내용 구성은 다음과 같다.

- 서분
- 현교의 심요
- 밀교의 심요
- 현교와 밀교를 함께 밝히다
- 화엄과 밀교의 만남에 기쁨을 표현하다

이 중 '밀교의 심요'를 논하는 부분에서 우리의 '독송용 『천수경』'에 보이는 ⑧ 준제주 부분을 확인할 수 있다. 도신은 『신변소초(神變疏鈔)』와 『만다라소초(曼茶羅疏鈔)』 등에 의하여 "밀교도 역시 원종(圓宗)이라"고 판단한 뒤, 지송의궤(持誦儀軌)를 다음과 같이 제시한다.

정법계진언 "옴 람"(21회)

호신진언 "옴 치림"(21회)
육자대명진언 "옴 마니 반메 훔"(108회)
칠구지불모심대준제다라니 "나무 삿다남 삼먁삼못다 구치남 다냐타 옴 자례 주례 준제 사바하 부림"(108회)

「육자진언」과 「준제진언」에 대한 호칭이 우리의 '독송용 『천수경』'과 다르지만, 그것은 크게 문제될 것이 아니다. '독송용 『천수경』'과는 달리, 『현밀원통성불심요집』에는 이상과 같은 순서로 '준제 4대주'를 서술하면서 하나하나의 진언을 어떤 자세로, 어떤 수인(手印)을 취하며, 어떻게 마음을 가지고서 염송해야 하는지를 제시하는 설명 부분들이 더 있다. 이 점은 우리의 '독송용 『천수경』'이 전자의 삼밀가지(三密加持)와는 달리 독송의 일밀가지(一密加持)를 그 수행법으로 삼았음을 알게 해준다.

물론, 독송의 횟수에 있어서 차이가 있음도 간과할 수 없다. 이것은 아마도 '독송용 『천수경』'에 이르러서는 ⑧ 준제주 부분만이 독송되는 것이 아니라 그 역시 전체의 의궤 속에서 하나의 역할만을 담당하고 있기 때문에 21회 내지 108회로 독송되지 못해온 것으로 보인다. 특히, 「정법계진언」과 「호신진언」은 21회라고 하여 「육자진언」과 「준제진언」의 108회에 비추어서 그 횟수가 적다는 것은 앞서 살펴본 것처럼, 삼분오단에서 그 양자를 '개경'이라고 평가하고 오회반복에서는 의례적 부분이라 평가한 나의 관점이 정당하다는 것을 드러내주고 있는 것으로 생각해서 틀리지 않을 것이다.

다음, 『현밀원통성불심요집』을 통해서 얻을 수 있었던 정보가 몇 가지 더 있다. 그 중 하나는 "준제공덕취~정획무등등"이라고 한 부분, 즉 삼분오단에서는 준제주를 독송하기 위해서 행하는 '계청'으로 본 부분이 용수보살의 게송이라고 하는 점이다. 용수 저서라고 칭해지는 텍스트 중에는 사실상 그에게 가탁된 것이 많다고 하는 점에서 그 진실성 여부는 알 수 없지만, 적어도『현밀원통성불심요집』당시까지는 그렇게 전승되고 있었음을 알 수 있게 되었다. 또 하나는 '독송용『천수경』'에서는 함께「준제진언」을 구성하는 것으로 되어 있는 "부림"이 사실상 또 다른 진언임을 알 수 있었다. 그것은 "일자대륜주(一字大輪呪)"라고 이름되는 것인데,『현밀원통성불심요집』은 "준제진언과 일자대륜주는 한 곳에서 같이 지송하라"고 말하고 있다.

앞에서 살펴본 삼분오단의 과목은 ⑧ 준제주 부분을 우리가 '준제주'라고 이름할 수밖에 없음을 보여준다. 그 전후의 계청과 별원이 공히 준제주를 중심으로 이루어져 있기 때문이다. 그렇게 볼 때, 문제가 되는 것은 육자주의 위상이다. 육자진언 그 자체도 결코 소홀히 할 수 없는 비중을 지니고 있는 다라니이지만,『현밀원통성불심요』와 '독송용『천수경』'에서는 그것이 전체적으로 보아서 '준제주'라고 하는 범주 속에서 지송되고 있음이 사실이다. 그러니까, 이들 텍스트에서는 육자주보다도 준제주를 더욱 중심적인 것으로 보고 있었음을 우리는 알 수 있는 것이다. 그러한 평가를 다음과 같이 말하고 있다.

준제주는 모든 진언을 다 포함한다. 준제는 능히 모든 진언을 포함하지만, 모든 진언은 능히 준제주를 포함할 수 없다. 마치 큰 바다는 모든 강을 포섭할 수 있지만, 모든 강은 큰 바다를 포섭할 수 없는 것과 같다.

그러니까, 밀교 안에서 준제주 중심의 신앙적 입장이 이 『현밀원통성불심요집』에 나타나 있음을 알 수 있고, 동시에 우리의 '독송용『천수경』'에서도 그러한 점이 숨어 있다는 것이다.

마지막으로, 화엄과 밀교의 회통을 지향했던 『현밀원통성불심요집』에 존재하던 준제주 부분이 그대로 우리의 '독송용『천수경』' 속에 편집된 것은 결코 우연은 아닌 것으로 보인다. 비록 그 시대는 조선시대일 것으로 추정되지만, '독송용『천수경』'의 편집이라는 긴 대하(大河)의 첫 출발이 되었던 신라시대 의상스님이 가졌던 태도와 정확히 부합하기 때문이다. 의상스님 역시 화엄과 밀교의 겸수를 지향했던 것이다. 그 전거가 '원본『천수경』'의 수용이다.(스님의 저서『투사례』를 보면, 『천수경』을 읽었다는 사실을 알 수 있다.)

그런데, 결코 우연으로 돌릴 수 없는 또 하나의 사실이 있다. 이 『현밀원통성불심요집』이 일본 가마쿠라 시대의 고산사(高山寺)에서 필사되었다는 사실이다. 고산사는 일본 화엄종의 묘에(明惠, 1173~1232) 스님이 주석하던 도량이다. 그런 도량에서 『현밀원통성불심요집』이 필사되었다는 것은 화엄과 밀교를 함께 닦았던 묘에스님의 가풍이 이 『현밀원통성불심요집』의 저자인 도신스님의 그것과 동일했음을 의미하는 것 아니겠는가. 더욱이, 묘에스님은 우리의 의상스님(과 함께 원효스님)을 사모하면서 그 전기를 그림으로 그린 『화엄종조사회전(華嚴宗祖師繪傳, 일명 '華嚴緣起')』을 찬술하였던 것이다. 그와 더불어서 주목할 것은 '원본『천수경』'에 대해서 일본에서 찬술된 3종의 주석서 중에서 현재 인쇄본으로 공개된 『천수경술비초(千手經述秘鈔)』는 그 저자를 묘에스님으로 보고 있다. 물론, 이는 오노 겐묘(小野玄妙)의 『불서해설대사전』이 말하는 것처럼, 묘에스님의 진저가 아니라 그분의 이름을 빌어서 지어진 것이 분명한 것으로 보인다. 그런데, 왜 하필 하고 많은 스님들 중에서 묘에스님의 이름을 빌렸던 것일까? 고산사에서 『현밀원통성불심요집』을 필사하여 썼다고 하는 사실, 또 의상스님과의 시공을 초월한 인연 등을 생각하면 『천수경』의 주석자로서 묘에스님을 선택한 것은 매우 적절했던 것으로 보인다.

이렇게 보면 신라의 의상스님, 요나라의 도신스님, 그리고 일본의 묘에스님은 화엄과 밀교를 함께 닦았다는 점에서 사상사적으로 통하는 바 있었던 것이 틀림없는 것 같다. 그것도 『현밀원통성불심요집』이나 『천수경』과의 인연을 통하여 말이다.

'독송용 『천수경』'의 끝은 어디인가

　'독송용 『천수경』'을 제가 처음 해설한 것은 『천수경이야기』인데, 그것은 본문에 대한 구절구절을 해설하는 데 주안점이 있었습니다. 그러다보니, '독송용 『천수경』'이 어떤 과정을 거쳐서 성립되었는가 하는 점에 대해서는 천착이 부족하였습니다.
　그 이후에도 저의 연구방향은 그런 쪽으로 나아가지 못했는데, 다행히 근래 이성운 선생의 책 『천수경, 의궤로 읽다』(정우서적, 2011)가 나와서 그런 부분을 많이 보충해 주었습니다. 오늘은 그 이야기를 조금 해드리고자 합니다.
　이성운 선생의 기본적인 관점은 이렇습니다. 지금 우리가 읽고 외우는 '독송용 『천수경』'에 대해서, 우리는 너무나 당연한 듯이 하나의 완결된 문헌으로 보고 있다는 것입니다. 저의 『천수경이야기』(→ 『천수경의 비밀』)를 포함해서 많은 강의서들이 다 그렇게 생각하고, 출발하고 있습니다. 그런데 이성운 선생님은 그러한 입장에 대해서 반기를 듭니다. 그렇게 해서는 '독송용 『천수경』'(이성운 선생님은 이 말을 쓰지 않습니다. 그저 '천수경'이라고 하는데, 대개는 그럴 경우 '독송용 『천수경』'을 가리킵니다.)을 제대로 이해할 수 없다는 것입니다.

그도 그럴 것이 '독송용 『천수경』'은 수많은 행법이 모여진 것에 지나지 않다는 것입니다. 그래서 '독송용 『천수경』'을 해설하는 이 책에서는, 그 차례를 다음과 같이 나누고 있습니다. 이는 일종의 과목이기도 합니다. 다만 이러한 과목을 나누는 데 있어서 기준이 된 것은 의궤로서의 성격이나 성립과정이라 할 수 있습니다.

1. 기천수다라니행법 : 정구업진언 ― 신묘장구대다라니
2. 도량청정행법 : 사방찬과 도량찬
3. 업장참회행법 : 참회게 ― 참회진언
4. 준제지송행법 : 준제찬 ― 준제발원
5. 회향발원행법 : 여래십대발원문과 사홍서원,
   　　　　　　발원이 귀명례삼보

이렇습니다. 이를 저의 과목 나누기와 한번 비교해볼까요? 우선 이성운 선생이 말씀하시는 '천수다라니 행법'은 저의 삼분오단설에서 보면 '대비주'와 대비할 수 있겠는데요. 차이점은 둘입니다.

첫째, 제가 말하는 '개경' 부분(정구업진언―개법장진언)을 함께 편입했다는 점입니다. 저는 '개경'은 아예 따로 나누어서, 서분으로 위치시켜 놓았습니다. 그것은 '천수다라니'만의 '개경'이 아니라, 뒤의 '준제주' 독송에 대해서도 '개경'의 역할을 한다는 것입니다. 이 점 역시 현재 '독송용 『천수경』'을 하나의 완결된 문헌으로 보고서 하는 과목 나누기임은 맞습니다.

둘째, 이성운 선생은 '천수다라니'를 외우는 것으로 '천수경'

215

은 끝나야 한다고 봅니다. 맞습니다. 그것은 '원본『천수경』'의 의도를 존중할 때, 결국 의궤(儀軌)로서의 '독송용『천수경』'은 천수다라니에서 끝나야 할지도 모르고, 거기서 끝날 수도 있을 것입니다. 이성운 선생은 의궤를 해체해서 다시 이해하자는 입장이므로, 그렇게 하실 수 있었다고 봅니다. 하지만 저로서는 이미 '하나의 완결된 문헌(의궤)'으로 완성된 것을 앞에 놓고 분류해 보는 것이므로, 그렇게 할 수 없었습니다. 그래서 이성운 선생님의 과목에서 보면, '업장참회 행법'까지를 다 '천수다라니를 수행하기 위한 행법', 즉 '대비주' 안에 넣었던 것입니다. 어떤 근거로 그렇게 할 수 있는가 라는 질문을 하신다면, '원본『천수경』'에 나오는 대로 신묘장구대다라니의 다른 이름으로 '파악업다라니'가 있다는 점입니다. 다라니 염송을 통해서 악업을 참회하고, 또 동시에 '참회'(=업장참회행법)의 참회절차를 통해서 한번 더 참회하는 것으로 볼 수 있기 때문입니다. 이렇게 본다면 '독송용『천수경』' 자체가 먼저 밀교적인 행법으로 참회를 하고, 그 뒤에 다시 현교적인 행법으로 한번 더 참회하는 것으로 볼 수도 있지 않겠느냐는 것입니다.

　다만 이렇게 보려면, 그 중간에 있는 '찬탄'(사방찬과 도량찬)의 처리가 다소 애매하기는 합니다. 하지만 그것은 어쩔 수 없이, '다라니'로부터 시작하여 '찬탄'과 '참회'로 이어지는 의궤로부터 받은 영향이므로 문제가 있을 수밖에 없습니다. 그 점을 감안한다면, 일단 저의 '대비주'가 너무 광범위한 과목이라고 할 수도 있습니다. 그보다는 이성운 선생님처럼, 천수다라니 행법, 도량청정행법, 그리고 업장참회행법으로 나누는 것이 더욱 바람직할지도 모릅니다.

　그런데 저는 이렇게 생각합니다. 지금 '독송용『천수경』' 자체에서 천수다라니행법을 기준으로 해서 재편집을 할 수 있다면(한다면), 결국 저로서는 '준제주' 부분만을 빼자는 입장입니다. 의궤의 성립사로부터 볼 때에는 이성운 선생님처럼, "다라니까지만 독송하자"는 것이 옳습니다. 하지만, 어찌되었던 현재 통용되는 '독송용『천수경』'으로부터 출발하자면, '준제주'만 빼고서 나머지 전체를 '천수다라니 행법'으로 보아야 하지 않을까 하는 점에서입니다.

　그렇게 볼 때 저의 '삼분오단'의 과목에서 본 것처럼, 제일 앞에 '개경'은 서분으로 보고, 뒤의 '총원'(여래십대발원문과 발사홍서원)은 유통분으로 볼 수 있지 않겠느냐는 것입니다. 이때 생각할 수 있는 것은 둘이라고 봅니다. 하나는 '여래십대발원문'이 실제로 '왕생정토십대원(往生淨土十大願)'으로도 불리었다는 이성운 선생의 지적처럼, 그것은 아미타불을 모시고 하는 발원문입니다. 그런 점에서 '천수경'에서 아미타불을 본사로 모시고 있는 것과 같은 입장이므로, 함께 넣을 수 있는 것 아닌가 합니다.

　또는 이렇게도 볼 수 있겠지요. 경전에서 의궤로 전개되어 갈 때, 즉 경전의 핵심인 다라니를 독송하기 편리한 교본으로서 의궤를 만든다고 할 때, 반드시 경전 안의 내용만으로 구성할 수는 없는 것 아닐까 하는 점입니다. 아니, 경우에 따라서는 경전 밖에서 어떤 것들을 가지고 와서 덧보텔 수도 있는 것 아닐까 하는 것입니다. 그런 부분에 해당되는 것이 제가 서분으로 보았던 '개경'과 유통분으로 보았던 '총원'이 아닌가 하는 것입니다. 또한 어쩌면 '다라니'와 '참회' 사이에 들어가 있어서 다소 애매한 '찬탄' 부분도 그런 성격의 것으로 보면 어떨까 생각해 봅니다.

그리고 다시 이성운 선생님의 과목으로 돌아가 봅시다. 자세히 살펴보면, '회향발원 행법'에서 그 끝이 '발원이 귀명례삼보'로 되어 있다는 점입니다. "그럼 '나무상주시방불, 나무상주시방법, 나무상주시방승'은 어떻게 되는가?" 생각해 볼 수 있습니다. 이 부분에서 이성운 선생의 정밀한 의궤 연구가 정채(精彩)를 더하고 있습니다.

그 "발원이 귀명례삼보"는 "나무상주시방불—"의 소제목이 아니라는 것입니다. 그 위의 모든 발원을 다하고 나서, 마지막으로 절하면서 염하는 '대사(臺詞)'일 뿐이라는 것입니다. 그 증거로서, 이성운 선생은 많은 의궤로부터 해당 내용을 알 수 있는 페이지를 사진으로 찍어서 제시합니다. 1529년에 나온 현민(玄敏)스님 '필사본 『천정문』'이라는 책에는 "발원이 귀명례삼보"라고 한 뒤에 "一拜"라는 작은 협주(夾註)가 붙어 있습니다. 1575년 담양 용천사에서 나온 『염불작법』에도 그렇게 되어 있습니다. 그런데 1935년에 나온 안진호 스님 편찬의 『석문의범』에서는 그 "一拜"라는 지문이 사라져 버린 것입니다. 그러자 "발원이 귀명례삼보"는 마치 "나무상주시방불—"의 소제목인 것처럼 되어버린 것입니다. 그것이 현재 '독송용『천수경』'의 마침 부분으로 되어 있습니다.

그렇다면 "나무상주시방불—"은 무엇인가? 바로 거기서부터 새롭게 시작되는 의례에서, 제일 앞자리를 차지하는 부분이지요. 거불(擧佛)이라고 해서, 불보살님의 명호를 부르면서 강림(降臨)하시기를 청하는 것이라 할 수 있습니다.

 이러한 이성운 선생의 발견은 매우 중요한 것입니다. 의례는 어떻게 생각하면 보수적이고, 또 어떻게 생각하면 끊임없이 유동적이기도 한 것 같습니다. 앞으로 이러한 부분이 어떻게 전개되어갈지, 정리가 되어갈지 알 수 없습니다. 저는 개인적으로 신앙현장에서 신앙대중을 지도하는 입장이 아니기 때문에, 이러한 새로운 발견을 소개하는 것으로 그치고자 합니다.

 이성운 선생의 책 『천수경, 의궤로 읽다』는 우리의 짧은 천수경 연구의 역사에서 새로운 진일보를 이룬 업적으로 평가할 수 있습니다. 크게 본다면, 그동안 저의 연구와 선생님의 연구가 서로 상보적인 역할을 한다고 볼 수도 있습니다. 그런 점에서 관심 있는 여러분의 일독을 권합니다.

우리말 『천수경(千手經)』

정구업진언(淨口業眞言)
 "수리 수리 마하수리 수수리 사바하"(3번)

오방내외안위제신진언(五方內外安慰諸神眞言)
 "나무 사만다 못다남 옴 도로도로 지미 사바하"(3번)

개경게(開經偈)
 무상심심미묘법   위없이   높고깊은 부처님 법
 (無上甚深微妙法)
 백천만겁난조우   영원속에 다행히도 만났사오니
 (百千萬劫難遭遇)
 아금문견득수지   저희이제 듣고보고 수지하여서
 (我今聞見得受持)
 원해여래진실의   부처님의 참뜻을   알아지이다.
 (願解如來眞實意)

개법장진언(開法藏眞言)
 "옴 아라남 아라다"(3번)

천수천안 관자재보살 광대원만 무애대비심 대다라니
(千手千眼 觀自在菩薩 廣大圓滿 無碍大悲心 大陀羅尼)

계청(啓請)

    계수관음대비주   자비하신 관세음께 머리숙이니
    (稽首觀音大悲主)

    원력홍심상호신   그원력과 그모습이 크고깊어서
    (願力洪深相好身)

    천비장엄보호지   천수로써 보살핌도 두루하오며
    (千臂莊嚴普護持)

    천안광명변관조   천안으로 비추심도 두루하시네.
    (千眼光明遍觀照)

    진실어중선밀어   진실한 말씀속에 밀어나오며
    (眞實語中宣密語)

    무위심내기비심   무심한 마음속에 자비넘치니
    (無爲心內起悲心)

    속령만족제희구   중생들의 구하는일 이루게하고
    (速令滿足諸希求)

    영사멸제제죄업   모든죄업 남김없이 멸하옵소서.
    (令使滅除諸罪業)

    천룡중성동자호   신중님들 자비로써 옹호하시니
    (天龍衆聖同慈護)

    백천삼매돈훈수   모든삼매 단박에 이루어지고
    (百千三昧頓薰修)

    수지신시광명당   대비주 수지하니 몸은빛나고
    (受持身是光明幢)

수지심시신통장 (受持心是神通藏)	대비주 수지하니 자유로워라.
세척진로원제해 (洗滌塵勞願濟海)	번뇌를 씻어내고 고해건너서
초증보리방편문 (超證菩提方便門)	깨달음의 방편들 얻게되오며
아금칭송서귀의 (我今稱誦誓歸依)	저희이제 지송하여 귀의하오니
소원종심실원만 (所願從心悉圓滿)	마음따라 바른소원 이뤄지이다.
나무대비관세음 (南無大悲觀世音)	자비하신 관세음께 발원하오니
원아속지일체법 (願我速知一切法)	모든진리 어서빨리 알아지이며
나무대비관세음 (南無大悲觀世音)	자비하신 관세음께 발원하오니
원아조득지혜안 (願我早得智慧眼)	지혜의눈 어서빨리 열려지이다.
나무대비관세음 (南無大悲觀世音)	자비하신 관세음께 발원하오니
원아속도일체중 (願我速度一切衆)	모든중생 어서빨리 건너게하고
나무대비관세음 (南無大悲觀世音)	자비하신 관세음께 발원하오니
원아조득선방편 (願我早得善方便)	좋은방편 어서빨리 얻어지이다.

나무대비관세음　　　자비하신 관세음께 발원하오니
(南無大悲觀世音)
원아속승반야선　　　지혜의배 어서빨리 타기원하며
(願我速乘般若船)
나무대비관세음　　　자비하신 관세음께 발원하오니
(南無大悲觀世音)
원아조득월고해　　　고해바다 어서빨리 건너지이다.
(願我早得越苦海)
나무대비관세음　　　자비하신 관세음께 발원하오니
(南無大悲觀世音)
원아속득계정도　　　삼학을　어서빨리 얻기원하며
(願我速得戒定道)
나무대비관세음　　　자비하신 관세음께 발원하오니
(南無大悲觀世音)
원아조등원적산　　　열반의산 어서빨리 올라지이다.
(願我早登圓寂山)
나무대비관세음　　　자비하신 관세음께 발원하오니
(南無大悲觀世音)
원아속회무위사　　　무위속에 어서빨리 만나게하며
(願我速會無爲舍)
나무대비관세음　　　자비하신 관세음께 발원하오니
(南無大悲觀世音)
원아조동법성신　　　진리의몸 어서빨리 이뤄지이다.
(願我早同法性身)

아약향도산　　　칼산지옥 들어가면
(我若向刀山)

도산자최절 (刀山自摧絶)	칼산절로 무너지고
아약향화탕 (我若向火湯)	화탕지옥 들어가면
화탕자소멸 (火湯自消滅)	화탕절로 없어지며
아약향지옥 (我若向地獄)	지옥중생 되어가면
지옥자고갈 (地獄自枯渴)	지옥절로 사라지고
아약향아귀 (我若向餓鬼)	아귀중생 되어가면
아귀자포만 (餓鬼自飽滿)	아귀절로 배부르며
아약향수라 (我若向修羅)	아수라가 되어가면
악심자조복 (惡心自調伏)	악심절로 무너지고
아약향축생 (我若向畜生)	축생세계 들어가면
자득대지혜 (自得大智慧)	지혜절로 얻어지리.

나무관세음보살마하살(南無觀世音菩薩摩訶薩)
나무대세지보살마하살(南無大勢至菩薩摩訶薩)
나무천수보살마하살(南無千手菩薩摩訶薩)

나무여의륜보살마하살(南無如意輪菩薩摩訶薩)
나무대륜보살마하살(南無大輪菩薩摩訶薩)
나무관자재보살마하살(南無觀自在菩薩摩訶薩)
나무정취보살마하살(南無正趣菩薩摩訶薩)
나무만월보살마하살(南無滿月菩薩摩訶薩)
나무수월보살마하살(南無水月菩薩摩訶薩)
나무군다리보살마하살(南無軍茶利菩薩摩訶薩)
나무십일면보살마하살(南無十一面菩薩摩訶薩)
나무제대보살마하살(南無諸大菩薩摩訶薩)
나무본사아미타불(南無本師阿彌陀佛, 3번)

신묘장구대다라니(神妙章句大陀羅尼)

　나모라 다나다라 야야 나막알약 바로기제 새바라야 모지 사다바야 마하 사다바야 마하가로 니가야 옴 살바 바예수 다라나 가라야 다사명 나막까리 다바 이맘알야 바로기제 새바라 다바 이라간타 나막하리나야 마발다 이사미 살발타 사다남 수반아 예염 살바 보다남 바바마라 미수다감 다냐타 옴 아로게 아로가 마지로가 지가란제 혜혜하례 마하모지 사다바 사마라 사마라 하리나야 구로구로 갈마 사다야 사다야 도로도로 미연제 마하미연제 다라다라 다린나례 새바라 자라자라 마라 미마라 아마라 몰제예 혜혜로게 새바라 라아 미사미 나사야 나베 사미사미 나사야 모하자라 미사미 나사야 호로호로 마라호로 하례 바나마 나바 사라사라 시리시리 소로소로 못쟈못쟈 모다야 모다야 매다리야 니라간타 가마사 날사남 바라 하라나야 마낙 사바하 싯다야 사바하 마하 싯다야 사바하 싯다 유예 새바라야 사바하

니라간타야 사바하 바라하 목카싱하 목카야 사바하 바나마 하
따야 사바하 자가라 욕다야 사바하 상카섭나네 모다나야 사바
하 마하라 구타다라야 사바하 바마사간타 이사시체다 가릿나
이나야 사바하 마가랴 잘마 이바 사나야 사바하
'나모라 다나다라 야야 나막알야 바로기제 새바라야 사바하'(3번)

사방찬(四方讚, 제목 읽지 않음)
  일쇄동방결도량 동쪽은 맑은도량 물뿌리며
  (一灑東方潔道場)
  이쇄남방득청량 남쪽은 청량국토 물뿌리고
  (二灑南方得淸凉)
  삼쇄서방구정토 서쪽은 정토세계 물뿌리며
  (三灑西方俱淨土)
  사쇄북방영안강 북쪽은 안락국토 물뿌리네.
  (四灑北方永安康)

도량찬(道場讚, 제목 읽지 않음)
  도량청정무하예 도량이 청정하여 티끌없어야
  (道場淸淨無瑕穢)
  삼보천룡강차지 삼보와 천룡들이 함께하시며
  (三寶天龍降此地)
  아금지송묘진언 저희이제 묘한진언 지송하오면
  (我今持誦妙眞言)
  원사자비밀가호 자비로써 비밀히 가호하시네.
  (願賜慈悲密加護)

참회게(懺悔偈, 제목 읽지 않음)

　　아석소조제악업　　이제까지 지어온　　모든악업들
　　(我昔所造諸惡業)
　　개유무시탐진치　　뿌리없는 탐진치로 말미암아서
　　(皆由無始貪嗔癡)
　　종신구의지소생　　몸과입　　뜻으로　　지었사오나
　　(從身口意之所生)
　　일체아금개참회　　그모든것 이제라도 참회합니다.
　　(一切我今皆懺悔)

참제업장십이존불(懺除業障十二尊佛, 제목 읽지 않음)

　　나무참제업장보승장불(南無懺除業障寶勝藏佛)
　　보광왕화렴조불(寶光王火炎照佛)
　　일체향화자재력왕불(一切香火自在力王佛)
　　백억항하사결정불(百億恒河沙決定佛)
　　진위덕불(振威德佛)
　　금강견강소복괴산불(金剛堅强消伏壞散佛)
　　보광월전묘음존왕불(普光月殿妙音尊王佛)
　　환희장마니보적불(歡喜藏摩尼寶積佛)
　　무진향승왕불(無盡香勝王佛)
　　사자월불(獅子月佛)
　　환희장엄주왕불(歡喜莊嚴珠王佛)
　　제보당마니승광불(帝寶幢摩尼勝光佛)

십악참회(十惡懺悔, 제목 읽지 않음)

살생중죄 금일참회　　　생명해친 무거운죄 참회하오며
(殺生重罪 今日懺悔)

투도중죄 금일참회　　　도둑질한 무거운죄 참회하옵고
(偸盜重罪 今日懺悔)

사음중죄 금일참회　　　사음행한 무거운죄 참회하오며
(邪淫重罪 今日懺悔)

망어중죄 금일참회　　　거짓말한 무거운죄 참회하옵고
(妄語重罪 今日懺悔)

기어중죄 금일참회　　　아첨했던 무거운죄 참회하오며
(綺語重罪 今日懺悔)

양설중죄 금일참회　　　이간질한 무거운죄 참회하옵고
(兩舌重罪 今日懺悔)

악구중죄 금일참회　　　험한말한 무거운죄 참회하오며
(惡口重罪 今日懺悔)

탐애중죄 금일참회　　　욕심냈던 무거운죄 참회하옵고
(貪愛重罪 今日懺悔)

진에중죄 금일참회　　　분노했던 무거운죄 참회하오며
(嗔恚重罪 今日懺悔)

치암중죄 금일참회　　　삿된소견 무거운죄 참회합니다.
(癡暗重罪 今日懺悔)

백겁적집죄　　　　　　　백겁토록 쌓인죄도
(百劫積集罪)

일념돈탕제　　　　　　　한생각에 사라지니
(一念頓蕩除)

여화분고초　　　　　　　마른풀이 불에타듯
(如火焚枯草)

멸진무유여　　　　　죄의자취 사라지리.
(滅盡無有餘)
죄무자성종심기　　　죄는본래 마음에서 일어나나니
(罪無自性從心起)
심약멸시죄역망　　　마음이　사라지면 죄도그렇네.
(心若滅時罪亦亡)
죄망심멸양구공　　　죄와마음 모두다　공해진다면
(罪亡心滅兩俱空)
시즉명위진참회　　　비로소　참된참회 이름하리라.
(是卽名爲眞懺悔)

참회진언(懺悔眞言)
"옴 살바 못지모지 사다야 사바하"(3번)

준제공덕취　　　　　준제공덕 산과같으니
(准提功德聚)
적정심상송　　　　　고요속에 항상외우면
(寂靜心常誦)
일체제대난　　　　　어려움이 크다하여도
(一切諸大難)
무능침시인　　　　　침해하진 못할지어다.
(無能侵是人)
천상급인간　　　　　신들이나 인간들은
(天上及人間)
수복여불등　　　　　님과같이 복받으며,
(受福如佛等)

우차여의주   여의주를 만났으니
(遇此如意珠)
정획무등등   무등등을 얻으리라
(定獲無等等)
"나무 칠구지불모 대준제보살"(南無七俱胝佛母大准提菩薩, 3번)

정법계진언(淨法界眞言)
"옴 남"(3번)

호신진언(護身眞言)
"옴 치림"(3번)

관세음보살 본심미묘 육자대명왕진언
(觀世音菩薩 本心微妙 六字大明王眞言)
"옴 마니 반메 훔"(3번)

준제진언(准提眞言)
나무 사다남 삼막삼못다 구치남 다냐타
"옴 자례주례 준제 사바하 부림"(3번)

아금지송대준제   제가이제 준제주를 지송하오니
(我今持誦大准提)
즉발보리광대원   보리심과 크나큰원 발하게되며
(卽發菩提廣大願)
원아정혜속원명   어서빨리 선정지혜 함께닦아서

(願我定慧速圓明)

원아공덕개성취　　모든공덕 이루기를 발원하옵고
(願我功德皆成就)

원아승복변장엄　　그뛰어난 복덕으로 장엄하오니
(願我勝福遍莊嚴)

원공중생성불도　　모든중생 깨달음을 얻어지이다.
(願共衆生成佛道)

여래십대발원문(如來十大發願文)

원아영리삼악도　　십악도를 영원토록 떠나게하고
(願我永離三惡途)

원아속단탐진치　　삼독심을 어서빨리 끊어지이다.
(願我速斷貪嗔痴)

원아상문불법승　　불법승을 언제나　친근히하며
(願我常聞佛法僧)

원아근수계정혜　　계정혜를 부지런히 닦고닦아서
(願我勤修戒定慧)

원아항수제불학　　부처님을 수행하며 법문배우고
(願我恒隨諸佛學)

원아불퇴보리심　　보리심을 잃지않기 원하옵니다.
(願我不退菩提心)

원아결정생안양　　안양국에 태어나기 틀림없으며
(願我決定生安養)

원아속견아미타　　아미타불 속히뵙기 원하옵니다.
(願我速見阿彌陀)

원아분신변진찰　　온누리에 몸을나퉈 두루다니며

(願我分身遍塵刹)
원아광도제중생　　모든중생 널리제도 원하옵니다.
(願我廣度諸衆生)

발사홍서원(發四弘誓願)
　중생무변서원도　　가이없는 중생을　모두건지고
　(衆生無邊誓願度)
　번뇌무진서원단　　다함없는 번뇌를　모두끊으며
　(煩惱無盡誓願斷)
　법문무량서원학　　한량없는 법문을　모두배우고
　(法門無量誓願學)
　불도무상서원성　　위없는　 깨달음을 모두이루리.
　(佛道無上誓願成)
　자성중생서원도　　마음속의 중생을　모두건지고
　(自性衆生誓願度)
　자성번뇌서원단　　마음속의 번뇌를　모두끊으며
　(自性煩惱誓願斷)
　자성법문서원학　　마음속의 법문을　모두배우고
　(自性法門誓願學)
　자성불도서원성　　마음속의 깨달음을 모두이루리.
　(自性佛道誓願成)

발원이 귀명례삼보(發願已 歸命禮三寶)
　"나무상주시방불(南無常住十方佛)
　　나무상주시방법(南無常住十方法)
　　나무상주시방승(南無常住十方僧)"(3번)

김호성 金浩星 Kim Ho Sung

동국대 불교대학 인도철학과 학사, 석사, 박사 졸업하다. 박사과정 재학 중이던 1991년 『법보신문』에 『천수경』 강의를 연재한다. 이 원고를 더듬어서 1992년 『천수경 이야기』를 펴냈다. 최초의 저서이다. 이후 경향각지의 많은 절과 법회에서 『천수경』 강의를 수도 없이 했다. 그러면서 『천수경』에 대한 논문과 에세이 등을 지속적으로 써 나갔다. 논문은 2006년 『천수경의 새로운 연구』로, 에세이는 『천수경과 관음신앙』(동국대학교 출판부)으로 묶어서 펴냈다. 2010년 『관세음보살』을 썼다.(모두 민족사에서 출판함)

1997년부터 현재까지 동국대 불교대학 교수로서 인도철학과 불교를 연구하며 가르친다. 2015년에 책을 펴내는 지 30년이 되었는데, 근 30여 권의 저서와 역서를 냈다. 그 외에 80여 편의 논문을 썼다.
e-mail : karuna33@dgu.edu

천수경의 비밀

초판 1쇄 발행 2005년 5월 20일
초판 5쇄 발행 2015년 3월 25일

지은이•김 호 성
발행자•윤 재 승
발행처•민 족 사

등록•1980년 5월 9일(등록 제1-149호)
주소•서울 종로구 삼봉로 81 두산위브파빌리온 1131호
전화•(02) 732-2403~4 / 팩스•(02) 739-7565
E-mail ‖ minjoksabook@naver.com
ⓒ 2005, 김호성
ISBN 978-89-7009-398-2 03220
값 9,500원